F. DE FLOTOW

ALMA
L'ENCHANTERESSE

OPÉRA EN QUATRE ACTES

PRIX : 2 FRANCS

PARIS
LÉON ESCUDIER, EDITEUR
21, RUE DE CHOISEUL, 21.

CALMAN LÉVY, ÉDITEUR
Ancienne maison Michel Lévy frères
3, RUE AUBER ET BOULEVARD DES ITALIENS, 15

1878

ALMA L'INCANTATRICE

ALMA
L'INCANTATRICE

OPERA IN QUATTRO ATTI

DI

H. DE SAINT-GEORGES

ADATTATA ALLA SCENA ITALIANA DA A. DE LAUZIERES

MUSICA DI

F. DE FLOTOW

PARIGI

LÉON ESCUDIER, EDITORE

21, RUE DE CHOISEUL, 21

CALMAN LÉVY, ÉDITEUR

Ancienne maison Michel Lévy frères

3, RUE AUBER ET BOULEVARD DES ITALIENS, 15

1878

ALMA

L'ENCHANTERESSE

OPÉRA EN QUATRE ACTES

DE

M. DE SAINT-GEORGES

ADAPTÉ A LA SCÈNE ITALIENNE PAR A. DE LAUZIÈRES

MUSIQUE DE

F. DE FLOTOW

Représenté pour la première fois sur le théâtre des Italiens, le 9 avril 1878

PARIS

LÉON ESCUDIER, ÉDITEUR

21, RUE DE CHOISEUL, 21

CALMAN LÉVY, ÉDITEUR

Ancienne maison Michel Lévy frères

3, RUE AUBER ET BOULEVARD DES ITALIENS, 15

1878

PERSONAGGI

IL RE DOM SEBASTIANO.	SIG. VERGER.
DON LUIZ DE CAMOENS.	NOUVELLI.
JOSÈ, albergatore.	RAMINI.
ALMA, baiadera.	SIG. ALBANI.
ZINGARETTA, moglie de Josè.	SANZ.
PEDRO, SYLVEYRA, FERNANDO — uffiziali.	
KUBLI, capo d'uno compagnia di saltimbanchi.	

SIGNORI, UFFIZIALI, POPOLO, SOLDATI, MARINAI, BAIADERE, SCHIAVI.

1mo *atto a Goa; gli altri a Lisbona.*

(Danze al 1er ed a 3e atto.)

PERSONNAGES

LE ROI DOM SEBASTIEN.	MM.	VERGER.
DON LUIZ DE CAMOENS.		NOUVELLI.
JOSÉ, aubergiste.		RAMINI.
ALMA, esclave.	Mlles	ALBANI.
ZINGARETTA, femme de José.		SANZ.

PÉDRO
SILVEYRA } officiers.
FERNAND

KUBLI, chef d'une troupe de jongleurs.

SEIGNEURS, OFFICIERS, PEUPLE, SOLDATS, MATELOTS, BAYADÈRES, ETC.

La scène est au 1er acte à Goa; aux autres actes à Lisbonne.

(Danses au 1er et au 3e acte.)

ALMA L'INCANTATRICE

ATTO PR'IMO

Una piazza a Goa. — A sinistra una *posada*. Vasto pergolato, formato da alberi, da piante coverte di fiori e da liane. Vegetazione lussureggiante; in fondo il mare. — A destra, anche in fondo, ma un po' più innanzi, un corpo di guardia.

SCENA PRIMA

GIOVANI UFFIZIALI *portoghesi bevono e giuocano, seduti in vari gruppi innanzi all' albergo. Tra essi*, PEDRO *e* SILVEYRA, *poi* JOSÈ.

CORO. Da ber! da ber! da bere!
Presto, infernale ostiere!
Da bere!... Chi s'inebbria
Sfidare può il destin!
Il vino, solo il vin
A noi può dar dar piacere.
Lasciam cure e pensier'
In fondo del bicchier!

SILV. Vien' qua, Josè, portoghese qual noi,
Amato esser tu puoi,
Fedele albergator!

PED., *ridendo agli amici* Fè conquista — a prima vista
Di spagnuola — civettuola,
Per suo danno, e la sposò.

JOSÈ. Ah! sì, per mio dolor amore m'infiammò

ALMA L'ENCHANTERESSE

ACTE PREMIER

Le Théâtre représente une place de la ville de Goa. A gauche une *posada*. Vaste tonnelle formée par les arbres et des plantes couvertes de fleurs et de lianes épaisses. Végétation luxuriante. Au fond on voit la mer. Au fond aussi, mais plus en avant un corps de garde.

—

SCÈNE PREMIÈRE

De jeunes officiers portugais buvant et jouant, forment des groupes divers devant l'auberge. Parmi eux, PEDRO *et* SILVEYRA.

CHŒ. A boire ! à boire ! Vite, aubergiste d'enfer ! A boire! L'ivresse combat le mauvais sort. Il n'y a que le vin pour nous égayer. Laissons chagrins et soucis au fond du verre.

DON SILV. Holà, José ! Portugais comme nous, et que nous aimons bien, car tu nous es fidèle... en tant qu'aubergiste.

DON PED. (*riant à ses amis*). Ce gaillard fit du premier coup la conquête d'une jeune Espagnole assez coquette et par malheur il l'épousa.

JOSÉ. Ah oui ! Ce fut pour moi un grand malheur que de m'amouracher d'elle.

CORO. Ah! fu per tuo dolor? Vuoi raccontar un po'.

JOSÈ. Non appena arrivai di Lisbona,
Qui sperando trovare dell'or,
Incontrai questa giovin persona
Che l'amore m' accese nel cor.
(Sorpresa strana!)
Un inferno fu allor la magion!...
Farmi sposo d'un angel credea,
Ed avevo sposato un demon!

CORO, *ridendo.* Farsi sposo d'un angel credea,
Ed aveva sposato un demon!

JOSÈ. Ahi! di lusso sol avida ell' era,
Per piacer ad ognun... fuor che a me.
E leggiera — oltremodo e ciarliera
Del capriccio una legge si fè!
(Lusinga vana!)
Con la pace perdei la ragion!...
Farmi sposo d'un angel credea
Ed avevo sposato un demon!

CORO. Farsi sposo d'un angel credea,
Ed avevo sposato un demon!

DON SYLV. Eppur cara, cara è tanto,
Quando al suon del tamburin
Danza o scioglie all' aura il canto,
E scordar ci fa il destin.

JOSÈ. E sia pur! ma che mi cale
Ch' ella suoni il tamburin?
E d'udirla a che mi vale
A cantar sera e mattin!

CORO, *di dentro* (*Voci di donne.*)
Chi di voi vuol veder e ascoltar?
A cantare noi veniamo, a danzar!

CORO *d'uffiziali.* Qual concento! È si dolce, sì bel
Che ci sembra disceso dal ciel!
(*à Josè.*) Ma tu dir ne potresti se quelle
Che lo cantan son belle del par?

A peine arrivé de Lisbonne pour venir ici chercher la fortune, je rencontrai cette femme, et j'en devins amoureux. Surprise cruelle : ma maison devint l'enfer. Je croyais avoir épousé un ange et j'avais épousé un démon.

CHŒ. (*riant*). Il avait cru épouser un ange et il avait épousé un démon !

JOSÉ. Elle ne cherchait que le luxe, les toilettes, pour plaire à tout le monde... hormis à moi. Bavarde, légère, ses caprices faisaient loi. Illusion vaine : je rêvais la tranquilité, et j'ai failli devenir fou. Je croyais avoir épousé un ange et j'avais épousé un démon !

CHŒ. (*riant*). Il avait cru épouser un ange et il avait épousé un démon.

DON SILV. Malgré tout, elle est charmante, lorsqu'elle chante et danse au son du tambourin.

JOSÉ. La belle avance ! Peu m'importe, à moi, qu'elle joue du tambourin. Je ne me soucie guère de l'entendre chanter du matin au soir.

CHŒ. *de femmes* (*au dehors*). Accourez, accourez, si vous voulez entendre chanter et voir danser les bayadères !

CHŒ. *d'officiers* (*écoutant*). Quels accents délicieux ! On dirait une musique céleste; (*à José*) et celles qui chantent sont-elles aussi belles que leurs voix ?

JOSÈ. Oh! più belle — e ben poco rubelle.
D'una schiera appresso vanno
Di cantori — e danzatori
Son vezzose baiadere,
Sì gentili, e sì leggiere!
La regina è ancor più bella
È una silfide, una fata...
Io la credo innamorata
D'un soldato che abbiam là.
(Indicando l'albergo.)

CORO. Chi sarà?

JOSÈ. Geloso ei par.

CORO. Un militar! — e che ci cale?
Oseria farsi — a noi rivale?
(Guardando a sinistra donde s'ode venir il coro delle donne.)
Or lo vedrem — venire qua;
Non tarderan... s'inoltran già.

SCENA II

I PRECEDENTI. *Una compagnia di* SALTIMBANCHI *e* GIOCOLIERI, *preceduti da* BAIADERE *che accorrono in iscena danzando. Le* GIOVINETTE *portano ceste di fiori; alcune hanno sistri e crotali, altre i tamburelli.*

CORO *(durante il quale le une danzano, le altre accompagnano la danza al suono dei loro stromenti.)*
Chi vuol le baiadere
Vedere — venga fuor!
Ma pur dovrà temere
Degli occhi lor l'ardore
Che desta in sen l'amore,
Le danze lor leggiere
Diletto a voi daranno.

JOSÉ. Bien plus belles ! et pas sauvages du tout. Elles suivent une troupe de jongleurs et de baladins. Ce sont de jolies bayadères, gracieuses, agiles à la danse; leur reine est la plus belle; c'est une jeune enchanteresse, une charmeuse; mais je crois qu'elle en tient pour un soldat qui loge là, chez moi (*indiquant l'auberge*).

CHŒ. Quel est-il, ce soldat ?

JOSÉ. Tout ce que je puis vous dire c'est qu'il est jaloux.

CHŒ. Un soldat ? nous voudrions bien voir que ce rustre osât se croire notre rival !... Mais voici les bayadères; tenez, elles paraissent.

SCÈNE II

LES MÊMES. *Une troupe de jongleurs et de baladins accourt en dansant. Les jeunes filles portent des corbeilles de fleurs. Quelques-unes ont des sistres et des crotales; d'autres ont des tambourins.*

CHŒUR *sur lequel les bayadères dansent tandis que les autres accompagnent leur chant du son des crotales et des sistres).*

CHŒ. *de femmes.* Voici les bayadères; accourez pour les voir, mais craignez l'éclat de leurs yeux; gare à votre cœur ! Leurs danses légères vous charmeront. Tous nos désirs sont de vous plaire. Vous verrez aussi la belle enchanteresse dont la vue seule vous transportera. C'est notre reine, vous allez l'entendre chanter.

Altro deslo non hanno
Che quello di piacer.
Venga chi vuol veder
La bella incantatrice;
Venga ed al sol guardar
Si sentirà bear.
Venga e sarà felice!
Ecco l'incantatrice,
Come regina appar...
Uditela cantar!

SCENA III

I Precedenti; ALMA, *appare in mezzo ai fiori del pergolato.*

ALMA. Dal sol baciato il palmisto s'inclina,
Scorre lento il ruscel,
Dorme il fior sullo stel,
Dei boschi in sen regna un cupo silenzio;
Snella sul piè leggier la cervetta dispar
Per cercare un asil — nel suo covil;
Il leone par preso dal torpor,
La pantera del par,
Tutto tace quaggiù, tutto è sopor.
Sull' erba la gazzella
Immobile si sta.
Di te non v'ha più bella,
Soave più non v'ha,
Dei boschi cara a noi tranquillità.

Ma repente là nel cielo
Apparir firo ed anelo
Vedi l'orrido sparvier,
Il grifon feroce, altier.
Ricercando va il crudel
Ove celasi l'augel.
Augellin, trema per te!
Già veloce il vol raccoglie,

SCÈNE III

LES MÊMES. — ALMA, *paraissant au milieu des lianes et des fleurs.*

ALMA. Le palmier se penche sous les baisers ardents du soleil; le ruisseau coule plus lentement; la fleur sommeille sur sa tige. Un morne silence règne au sein des bois. La biche s'élance de son pied léger et disparaît vers l'abri qui l'attend. Le lion paraît engourdi, la panthère s'endort. La gazelle s'étend sur l'herbe. Tout est calme et muet ici-bas. Rien n'est plus doux et plus cher que ce repos de la nature.

Mais, soudain, du fond des airs le vautour descend sombre et farouche; le cruel plane au loin cherchant du regard l'oiseau timide. Pauvre petit oiseau! méfie-toi! Le voilà qui dirige son vol vers ton nid; vole au loin, fuis, fuis... Il s'abat... Que faire!... Vous voilà tous, pauvres petits oiseaux, tremblants de frayeur; vous n'aurez pas la force de vous soustraire à votre ennemi, vous sentez déjà ses serres vous étreindre.

Ah! fuggir, fuggir dei tu...
Ecco ratto ei piomba giù!
Come far? L'alato stuolo
Da terrore par compreso;
Spiegar più non osa il volo;
Già si tien raggiunto e preso...
Non ha speme, fa pietà!...
Chi salvare lo potrà?

Ma presto udire la mia voce io fo;
Lo sparvier che l'ascolta
Sen fugge allor — e pieno d'ira il cor,
Chè la preda gli è tolta.

Augellini, a me venite.
La mia voce non udite?
Il mio canto v' è difesa
Del rapace sparvier contro l'offesa.
Vaghi augellin', venite tutti a me!
La mia voce, il canto mio
Sol vi possono salvar,
Sì, protegger vi poss' io;
Su, venite, a che tardar?

(*Ripresa del coro delle baiadere*)
Chi vuol le baiadere
Vedere, etc.

SCENA IV

CAMOENS, *dall' osteria, guardando Alma, in disparte.*

Alma! sei tu che udir facesti il suon
Di sì dolce canzon?

ALMA. *a Camoens in disparte.*
Ti trovo al fin! nol sai, la tua sembianza
È cara a me siccome la speranza!
Cantar m' udivi tu

Plus d'espoir ! Quelle pitié ! Et personne ne viendra à votre secours ?...

Eh bien, non ; je laisse entendre ma voix ; l'affreux vautour s'arrête interdit et s'enfuit, furieux de voir sa proie lui échapper.

Petits oiseaux, venez à moi. Ma voix vous appelle, ne l'entendez-vous pas ? Mon chant peut seul vous défendre contre l'attaque du vautour. Venez, venez tous, venez à moi. Je vous protègerai, je vous ai sauvés, je vous sauverai encore !

CHŒUR *de bayadères (reprenant)*. Voici les bayadères, accourez pour les voir, etc.

SCÈNE IV

LES MÊMES. LE CAMOENS (*sortant de l'hôtellerie de José et regardant* ALMA *qui se tient à l'écart.*)

CAMOENS (*bas*). Alma ! c'est toi ! toi dont j'entendais le chant si doux.

ALMA (*bas*). Je vous retrouve enfin ! En vous voyant je sens renaître l'espérance en mon cœur. Vous m'entendiez chanter les vers que j'aime le plus. Mon âme affligée se retrouve en ce chant ; car ces

I versi ch' amo più.
A questo core afflitto
E dolce sol il canto,
Chè quel carme gentil col pianto è scritto
D'esule pellegrin ; — è tuo quel pianto!

CAM. Il mio verso, mesto tanto,
Bello allor mi par soltanto
Che soave, incantatrice,
La tua voce a me lo dice.
Cant'ancora, lascia udir
La canzone del desir,
La canzone dei sospir.

ALMA. La notte giù dalla montagna
Ad oscurar vien la campagna...
Dolce memoria del suol natal
Come fatal — divieni a me!
Dal tramontar fino all' aurora
Te riveder mi sembra ognora,
Mia bella patria, o Portogal!
Desio, speranza, ahi! del mio cor
Da te lontan io sono ancor!

CAM. Ah! canta pur — è cara al cor,
Questa canzon del mio dolor!

ALMA. Lungi dal suol che ti fu cuna,
Senz' aver mai speranza alcuna,
All' aura il canto affidi allor
E del tuo cor — dici il dolor,
Ahi! ma quel canto, pallido fior
Nato lontan dal suol natio,
Deve languir — ed appassir.
O suol natio — vorrei pur io
In seno a te così morir!

CAM. Dolce canzon che rende al cor
E la speranza ed il valor!

(*Gli uffiziali le offrono una corona. Alma la prende e la presenta a Camoens.*)

vers ont été tracés par les larmes de l'exilé; et ces larmes c'est toi qui les versais !

CAM. Ces vers pleins de tristesse, je ne les aime que lorsque ta voix si suave les chante. Oh ! ne t'arrête pas. Dis-nous le chant des regrets, qui est aussi le chant de ma douleur.

ALMA (*chantant*). La nuit descend des collines sur la verte campagne... Cher souvenir de mon pays natal, comme tu deviens poignant pour moi ! Depuis le coucher du soleil jusqu'à l'aurore, il me semble entrevoir ma belle patrie, le Portugal, espoir et désir de mon cœur ! Serai-je donc longtemps encore éloigné de toi, terre chérie ?

CAM. Ah oui ! continue, continue cette triste et douce chanson, je l'aime tant !

ALMA (*chantant*). Loin du pays qui fut ton berceau, sans qu'un seul rayon d'espérance brille à tes yeux, pauvre exilé, tu confies ta douleur au chant. Mais ce chant est comme la fleur chétive née sur la terre étrangère, qui languit et se fane... O ma belle patrie, que ne puis-je mourir comme elle, mais mourir près de toi !

CAM. Cette douce chanson rend à mon cœur l'espérance et le courage.

Alma prend la couronne de fleurs que les officiers lui offrent et la présente à Camoens.

ALMA. No, no, non deve a me
Plauso alcuno venir; questa corona
Cinger dovrà chi la mesta conzona
Dettava; tua sol è
Signor don Luiz...

CORO. Don Luiz di Camoens!

ALMA. (*con orgoglio*). Ei stesso!

CORO. Ciel! il Camoens! saria desso!
Ei compagno, amico ei fu
Della nostra gioventù,
Ei cantò le nostre imprese;
I perigli e le contese
Ei con noi divise un dì!
(*A Camoens*). Ti troviamo! o sorte lieta!
Tu il soldato, tu il poeta
Sei tu dunque? parla, dì.
(*con effusione, circondandolo*).
Qua la man! sei tu, sei tu!
No, lasciar non ci dei più!

CAM. O sublime potere
Della santa amistà!
Di voi nessun dimenticato m' ha!
Se dal mio volto ahimè!
S'involò giovinezza,
N'è colpa sol l'arcana mia tristezza.
Copriva di pallore
Le mie guance il dolor, il rio dolore!...
Ma lieto sono ancor se alfin m'è dato
Lo stuolo riveder cotanto amato.
Per me torna un istante
A brillar l'esultanza,
Io scordo il mio dolor;
A me sorridi ancor, — o divina Speranza!

CORO. Lieto egli è, se alfin gli è dato
Riveder lo stuolo amato.

CAM. Ah! miei cari, a voi d'innanti
Trovo ancor felici istanti
E ritorna lieto il cor.

ALMA. Non, non, je n'ai pas droit à ces hommages. Cette couronne est due à l'auteur des vers que je viens de chanter. Elle est à vous, seigneur don Luiz.

CHŒUR. Don Luiz de Camoëns !

ALMA (*avec fierté*). Lui-même !

CHŒUR. Ciel ! Camoëns ! serait-il vrai ! lui ? L'ami, le compagnon de notre jeunesse !.. Lui qui chanta nos premiers faits d'armes, qui partagea nos dangers, nos luttes; lui le soldat-poète. C'est donc toi ! (*l'entourant*). Ta main, ta main ! Nous ne te quitterons plus désormais !

CAM. O sublime pouvoir de la sainte amitié ! Aucun de vous ne m'a oublié. Si la jeunesse a disparu de mon visage, n'en accusez que les chagrins. C'est la douleur, c'est le désespoir qui ont fait pâlir mes joues et qui ont flétri mes traits. Mais, je puis être encore heureux, puisque je revois la joyeuse cohorte de mes anciens amis. Le bonheur me sourit de nouveau. Toute peine est oubliée ! Tu brilles encore une fois à mes yeux, ô divine Espérance !

CHŒUR. Il est heureux en revoyant ses anciens compagnons.

CAM. Oui, mes amis; des heures moins tristes viendront pour moi; mon cœur me l'annonce.

SILV. Sì, ciascun ti ravvisò,
Di vederti s'allegrò.
(*Prendendo a parte i giovani uffiziali*)
Questo suol che sì l'attrista
Ei per nou dovrà lasciar.
Su venite — mi seguite,
A voi deggio favellar.

(*Si ritirano nel fondo conversando tra loro*). *Un ufficiale avvicinandosi a Kublì ed indicando Alma ; sottovoce* :

Fè costei la mia conquista;
Dì, qual prezzo ne vuoi tu?
Questa donna sarà mia?

KUBLI (*sottovoce all' uffiziale*). Precedetemi laggiù. (*Ai suoi compagni ed alle baiadere che hanno fatto la questua*).
Riprendiam l'usata via.

ALMA (*sottovoce a Camoens*). Rivedervi posso ancor?

CAM. (*come sopra*). Si tornar, tornar puoi quì
Non sì tosto che sul cielo
Stenderà la notte il velo.

ALMA. Io verrò, verrò, signor;
A te grato è questo cor.

Si ritira con la compagnia dei saltimbanchi e delle baiadere. Si vede approdar une batello. Zingaretta salta a terra.

SCENA V

ZINGARETTA, poi JOSÈ

1

ZING. Piacer per me
Maggior non v'è
Che quando il mio Josè,

SIL. Oui, tous tes amis t'ont reconnu, tous sont fiers de toi. (*Bas aux officiers*). Il faut l'aider à quitter ce pays qui le rend si triste; suivez-moi, je vous prie, je dois vous parler. (*Il s'éloigne avec les officiers sans quitter la scène.*)

UN OFFICIER (*à Kubli, en désignant Alma*). Cette fille a fait ma conquête, combien en veux-tu ? Elle doit être à moi.

KUBLI, *bas à l'officier*. Allez m'attendre là-bas, nous en causerons. (*Aux jongleurs et aux bayadères qui viennent de quêter*). Et nous, enfants, reprenons notre chemin.

ALMA (*bas à Camoens*). Vous reverrai-je encore ?

CAM. Oui, tu peux revenir ici dès que la nuit sera venue.

ALMA. Merci, seigneur, j'y serai.

Elle s'éloigne avec tout le monde. La scène reste vide.

SCÈNE V

On voit atterrir un petit bateau. Zingaretta en descend.

ZINGARETTA, puis JOSÉ.

ZING. Mon seul bonheur est d'apprendre que José, mon seigneur et maître, est sorti. C'est fort désagréable de le voir toujours là devant moi ! Plus il est loin de moi, plus je l'aime.

Che il mio tiranno, il mio signor
Di casa sen va fuor.
Chi mi dice mai perchè
Mi vien fra i pie'?
Oh! quanto più gli voglio ben...
Se il veggo men!

II

Io devo i dì
Passar così
Per aver detto un *sì*!
E sempre udir mi sento *no*.
Ma so quel che farò:
Quand' in casa è il mio signor
Men vado fuor.
Un sol ben al mondo v'ha:
La libertà! (*Josè viene dal fondo*).

JOSÈ. Ah! trovar vi posso alfin!

ZING. Io saluto il mio sposin.

JOSÈ. Io saper vorrei, signora,
In città che andaste a far.

ZING. La dimanda inver mi onora.

JOSÈ. Non osate più parlar?

ZING. Parlerò — risponderò.
(*Ridendo e con malizia.*)
Son uscita dall' aurora,
Merci e vitto ebbi a comprar.
Il signor dormiva ancora,
Ed io stava a caminar.

JOSÈ. No, no, crederlo non so.

ZING. Ho già fatto varie spese;
Più gentile, più cortese
Ho trovato il venditor,
Ed amabile più ancor.

Et dire que je coule des jours malheureux parce que j'ai prononcé le *oui* fatal ! En attendant, mon mari ne fait que dire *non* ! Mais j'y mets bon ordre. Dès qu'il rentre, je sors. Décidément il n'y a qu'un seul bonheur sur terre : la liberté !

JOSÉ (*venant du fond de la scène*). Ah ! je vous retrouve enfin !

ZING., *d'un air goguenard.* Salut à mon très-cher mari !

JOSÉ. Peut-on savoir, madame, ce que vous êtes allée faire en ville?

ZING. La question m'honore.

JOSÉ. Ah ! vous n'osez pas répondre.

ZING. Mais si, mais si; je vais le faire. Je suis sortie dès la pointe du jour, je suis allée au marché faire mes provisions, et monsieur dormait encore, que j'étais en chemin.

JOSÉ. Faut-il y croire?

ZING. J'ai déjà fait diverses emplettes ; et j'ai trouvé les marchands de plus en plus aimables, galants, empressés. Il me suffisait d'une œillade, d'un sourire pour qu'on me fît bonne mine. Et chacun de

Uno sguardo ed un sorriso ;
E ciascun mi fa buon viso
Ed ognun mi dice allor :
Prezzo a voi farò miglior,
Per ben poco ve lo dò.

JOSÈ. (*con un sospiro*). Troppo crederlo dovrò !
Miglior prezzo, ma qual è ?

ZING. Un bacin ! un sol ! affè !

JOSÈ. Un bacino ! qual orror !

ZING. È per pura economia.
(*Ridendo*). Pedro due ne chiese a me !

JOSÈ. Pedro?

ZING. Un tenero amator.

JOSÈ. Malandrino ! qual orror !

ZING. Alla danza m' invitò,
Un bolero mi tentò...
Tra la la la ! con me danzò !

JOSÈ (*minacciandola*). Ah ! pazienza più non ho.

ZING. (*furiosa*). Che vuol dir ? mi vuoi picchiar ?
Ma il primier non sarai tu (*gli dà uno schiaffo*).

JOSÈ Un ceffon...

ZING. Ne vuoi di più?

JOSÈ. Su me osò la man alzar !

ZINGA. Son io la padrona,
Nan soffro padron,
Non altra persona
Aver dee ragion.
Io son docile, obbedienle,
Troppo ancor ; dubbio non v'ha.
Ma se siete impertinente,
L'amor mio cangiar potrà

me dire: Prenez ma belle enfant, je vous fais le prix le plus doux; c'est presque pour rien.

JOSÉ. Le prix le plus doux, mais quel est-il ?

ZING. Un petit baiser, tout petit, rien qu'un.

JOSÉ. Un baiser ! Quelle horreur !

ZING. C'est par pure économie. Pedro, par exemple, en voulait deux.

JOSÉ. Quel Pedro ?

ZING. Un gentil amoureux.

JOSÉ. Le scélérat ! C'est une indignité !

ZING. Mais il m'entraîna à la danse... Le boléro me tenta. Et tra la la... Et voilà !

JOSÉ. Ah ! je ne me contiens plus !

ZING. (*piquée*). Qu'est-ce à dire ? Oserais-tu me frapper ? Eh bien, ce ne sera pas toi qui frapperas le premier. Tiens ! (*Elle lui donne un soufflet.*)

JOSÉ. Un soufflet !

ZING. En veux-tu d'autres ?

JOSÉ. Elle a osé lever la main sur moi !

ZING. Je suis la maîtresse ici. Je ne souffre aucun maître. Moi, moi seule je veux avoir raison.

Je suis toujours docile, obéissante, trop même ; il n'y a pas de doute sur ce point. Mais si vous devenez impertinent, je me lasse et je change. Je veux être la maîtresse absolue dans ma maison; c'est moi qui seule commanderai ; car la brebis deviendra tigresse et gare à celui qui l'attaquera.

Qui padrona esser voglio ed intera,
Al comando la sola esser vo',
O di agnella divengo pantera
E punir chi m'offende saprò

JOSÈ. No, la cosa sembrar non può vera!
Servitor in mia casa sarò?...
Servitor d'une simil megera?...
Ah! soffrirlo giammai non potrò!

ZINGA. Docil son io, son obbediente
E troppo ancor, dubbio non v'ha;
Ma se voi siete impertinente,
L'amore allor cangiar potrà

JOSÈ. Docil si crede ed obbediente,
Su me la man ess'alzerà;
Mi tratterà sì duramente,
Perchè mostrai troppa bontà!
(*Zingaretta s'allontana.*)

SCENA VI

JOSÈ, e CAMOENS

JOSÈ. Sì, risoluto l'ho; mi separo da lei.
Da una moglie civetta io tradito sarei...
Ma... il proscritto qui vien;
Dolente egli è, ch'io lo consoli almen!

CAMOENS. Mio buon José, finiro i miei tormenti;
Non sai tu che gli amici m'hanno dato
Il prezzo che si vuol perch'io sia liberato...
E l'ho qui; ben felice ora son io
Chè potrò ritornar al suol natio.

JOSÈ. Nel Portogallo a seguirvi m'appresto.
Se voi l'esilio e'l duolo,
Me la moglie fa mesto.
Un naviglio partire
Deve or or; ma pagar
L'oro convien che vi dee riscattar.

JOSÉ. Non, on ne saurait le croire! je dois être l'humble serviteur dans ma maison, et le serviteur de cette mégère encore! cela ne sera jamais!

ZING. *reprenant.* Je suis docile et obéissante, trop même, mais si vous êtes impertinent, je change.

JOSÉ. Bon! elle se croit docile, obéissante, et elle lève la main sur son mari! c'est parce que j'ai eu trop de bonté pour elle que je suis traité de la sorte!

(*Zingaretta sort.*)

SCÈNE VI

JOSÉ, *puis* CAMOENS.

JOSÉ. Oui, c'est décidé, je me sépare d'elle! une femme coquette! elle peut me tromper... Qui est là? le proscrit. Il est toujours triste. Si je pouvais le consoler!...

CAM. Mon bon José, apprends que mes malheurs ont cessé. Mes amis se sont cotisés et ont réuni la somme qu'il faut pour me libérer. Je l'ai là! Oh! que je suis heureux de pouvoir retourner à mon pays natal!

JOSÉ. Je suis prêt à vous suivre au Portugal. Vous fuyez l'exil, la solitude. Je fuis ma femme. Un navire est en rade, prêt à partir. Je vais tout apprêter. En attendant, dépêchez-vous de payer votre rançon.

(*Il sort*).

CAM. Abbandonar non oso
Alma, quell' angel di bontà.

SCENA VII

KUBLI, ALMA, CAMOENS.

ALM. (*difendendosi da Kublì che vuol trascinarla.*) No, mai
Nol soffro! No, giammai vi seguirò;
Mille volte morrò.

KUB. Che vuol dir? Io con l'oro ti comprava,
Or mia tu sè; divenisti mia schiava;
Potrò vender, mi pare,
Se ho potuto comprare.

ALM. (*difendendosi, a Camoens.*)
Mi salvate, signore!
Pietà del mio dolore!
Non è sol la mia vita
Che vendere egli vuole, ma l'onore.

KUB. Parla d'onor! Una schiava!

KAM. È una donna,
Io la difenderò.

KUB. Ella è mia; m'appartiene.
(*Per trascinar Alma.*)

CAM. Chi l'oserà s'io la proteggerò?

ALM. O ciel! io son perduta!
Esser così venduta!
Ma seguirlo non deggio, e morire poss'io.
(*Tirando un piccolo pugnale dal cinto.*)

CAM. (*Ad Alma, strappandole il pugnale.*)
Non temere; fa core!
Tu fosti di mia vita
L'angel consolatore,
Io posso, io vo' salvarti,
All' infamia sottrarti

CAM. Je n'ose quitter cette chère Alma, cet ange de bonté !

SCÈNE VII

KUBLI, ALMA, CAMOENS.

ALMA (*se défendant contre Kubli qui veut l'entraîner*). Jamais, jamais je ne vous suivrai. Plutôt la mort !

KUB. Qu'est-ce à dire ? Je t'ai achetée, tu m'appartiens ; je peux bien vendre, je pense, ce que j'ai acheté?

ALMA (*suppliante, à Camoens*). Protégez-moi, seigneur ! ayez pitié de moi ! C'est bien plus que ma vie qu'il veut vendre : c'est mon honneur !

KUB. Elle parle de son honneur !... une esclave !

CAM. C'est une femme, je la protégerai.

KUB. Elle est à moi, c'est ma propriété, je l'emmène.

CAM. L'oseras-tu, si je la défends?

ALMA. Hélas ! c'en est fait, il m'a vendue ! Mais plutôt que le suivre, je me tuerai. (*Tirant un petit poignard de sa ceinture.*)

CAM. (*le lui arrachant*). Ne crains rien, espère, toi qui fus l'ange consolateur de mon existence, je peux t'arracher à l'infamie, je peux sauver ton honneur. (*à Kubli.*) Cette esclave, je te l'achète : combien en veux-tu ?

E serbarti — l'onore.
(*A Kublì.*) Questa schiava, io la vo';
A qual prezzo l'avrò?

KUB. Cinquanta piastre d'or.

CAM. (*dandogli dell'oro.*)
Pronte son. Eccole qua,

KUB. (*Contando.*) Son dell'or, del buono ancor!
Fatto è l'affare ed il negozio vale.
(*Kublì parte.*)

SCENA VIII

CAMOENS *ed* ALMA, *poi* JOSE.

ALM. (*Con gioia*). Or son tua, sì tua son io,
Niun potrà noi separar,
Te servire è dover mio,
Mio desir qual Dio t'amar.
T'adorar.

JOSÈ. (*Entra correndo.*)
Andiam, andiam; vedete là il signale;
La barca è pronta già, tardare più non vale.
(*A Camoens.*) Avete l'or?

CAM. (*Con tristezza.*) Eh! no, l'ho dato

ALM. (*Disperatamente.*)
Per me lo diè — Tutto comprendo, ahimè!

CAM. Al mio destin crudel, spietato
Nessun poter strappar mi de'!

JOSÈ. Pazienza, state a udir:
La notte è molto oscura,
Or ora nel tornar io vidi per ventura
La sentinella sonnacchiar; tentare
Potremo di passare,
Ma destare il rumor
La può del nostro andare,
E tirerà... Sarem perduti allor!
(*Va a spiare verso il fondo.*)

KUB. Cinquante piastres d'or.

CAM. Elles sont prêtes ; les voici. (*Lui donnant de l'or.*)

KUB. (*le soupesant et le comptant*). C'est de l'or, et du meilleur. Marché conclu ; l'affaire est faite. (*Il s'en va.*)

SCÈNE VIII

CAMOENS, ALMA, *puis* JOSÉ.

ALMA (*joyeuse*). Désormais je suis à vous ; rien ne peut plus nous séparer ; mon devoir est de vous servir comme un maître ; mon bonheur est de vous aimer, de vous adorer comme un Dieu.

JOSÉ (*arrive en courant*). Venez, venez, voici le signal... Et l'argent ?

CAM. (*tristement*). Hélas ! je l'ai donné.

ALMA (*avec désespoir*). Pour me sauver ! Ah ! je comprends tout !

CAM. (*découragé*). Nul pouvoir ne peut m'arracher à ma cruelle et fatale destinée.

JOSÉ. Peut-être. Écoutez-moi : La nuit est bien sombre. Tout à l'heure, en revenant ici, j'ai vu la sentinelle qui dormait. Nous pouvons risquer le passage ; mais le bruit de nos pas pourrait la réveiller, elle ferait feu, nous serions perdus. (*Il va regarder vers le fond.*)

ALM. Ah! lasciar te non potrei
La vita accanto a te, o la morte per me!

CAM. Chè! non temi affrontar i miei rischi, i miei [danni?]

ALM. Non son tua schiava? Sì, con te con te verrò.

CAM. Ebben, andiam; per te scordo gli affanni.
Per mia compagna aver meco ti vo'.

A TRE. (*sottovoce*).

CAM., ALM., JOSE. Or tutto tace — che più s'aspetta?
Alla barchetta — n'andiam, n'andiam.
Veglia dal ciel — su noi gran Dio,
In te speriam — in te fidiam.
(*Vanno tutti e tre verso il fondo. Intanto Zingaretta è apparsa.*)

ZINGAR. *Guardando verso il lido.*)
Perchè Josè à quest' ora
Tornato non è ancor in sua dimora?
(*Scorgendolo che s'allontana nel battello.*)
(*Gridando.*) L'arrestate! Ei sen va!...

UNA SENTINELLA. Un prigionier fuggì!... Non partirà!
(*S'ode un colpo di fucile. Silenzio, poi da lontano le voci dei tre fuggitivi.*)
Veglia dal ciel — su noi, gran Dio,
In te speriam, in te fidiam?

Cala la tela.

ALMA. Je ne saurais vous quitter ; la vie auprès de vous, ou sans vous la mort.

CAM. Eh quoi ! tu veux partager mes périls, ma misère ?

ALMA. Ne suis-je pas votre esclave ? Je vous suivrai.

CAM. Eh bien, viens donc ! J'oublie pour toi mes malheurs ; tu seras la compagne de ma vie.

Ensemble.

CAM., ALMA, JOSÉ. Tout est silence : ne tardons pas davantage, gagnons la nacelle. Dieu clément, veille sur nous ! c'est en toi que nous espérons, nous avons confiance en toi. (*Ils vont vers le fond. Zingaretta paraît à la porte de l'auberge.*)

ZING. Pourquoi José, à cette heure, n'est-il pas rentré ? (*L'apercevant prêt à s'éloigner sur le bateau.*) Arrêtez-le ! Il se sauve.

LA SENT. Un prisonnier s'évade ! Il ne partira pas.
(*Coup de fusil. Silence. Puis la voix des fugitifs, au loin, reprend la phrase :*)

Dieu clément, veille sur nous ! c'est en toi que nous espérons, nous avons confiance en toi !

La toile tombe.

ATTO SECONDO

L'Osteria di Josè a Lisbona. Finestra e porta al fondo. Porte laterali.

All' alzarsi della tela, Camoens seduto innanzi un deschetto, scrive. Alma, sua schiava, lo guarda, appoggiata alla spalliera della seggiola di Camoens.

—

SCENA PRIMA

ALMA e CAMOENS.

ALMA, *udendo la fine d'una serenata lontana.*
Si sposa il canto a lieto suon;
Il carneval è bello e aperto;
Tutti costor — felici son.

CAM. Nessun di lor — ha mai sofferto.

ALM. Nè tu soffrir ancor dovrai su questo suol.

CAM. T'esaudisca il Signor!

ALM. Quai versi scritti avete?

CAM. Ah! d'un cor che sospira
Non più dettava mesti accenti il duol!
Ti piaccia udir.

(*legge*) O patria diletta,
Città benedetta,
Mio fervido amor,
Il genio sopito
Ridestasi ardito;
Novello l'ardor
Per te sento in cor.
Lisbona adorata,
Quest' alma beata

ACTE DEUXIÈME

Le cabaret de José à Lisbonne. Fenêtre et porte au fond, portes latérales.

Au lever du rideau, Camoëns, assis devant une table, écrit. Alma, son esclave, appuyée au dossier de la chaise du poète, le regarde.

SCÈNE PREMIÈRE

CAMOENS, ALMA.

ALM. (*écoutant la fin d'une sérénade lointaine*). Le chant se marie joyeusement aux sons des instruments. C'est le carnaval qui commence. Ces gens-là sont heureux !...

CAM. (*écrivant*). Ils ne connaissent pas la souffrance.

ALM. Vous ne souffrirez plus désormais, étant ici.

CAM. Que le ciel t'entende !

ALM. Vous venez d'écrire des vers ?

CAM. Oui, écoute-les. (*il lit*) :

O douce patrie, — O terre chérie, — Pays de bonheur, — Ma verve assoupie — Renaît à la vie — Réveille mon cœur.

Ma Lisbonne aimée, — Mon âme est charmée. Comme à mes beaux jours. — Vois fuir ma tristesse — Ville enchanteresse, — Mes chères amours !

Allegra è pur or,
Siccome era allor.
Bandir la mestizia,
O suol di delizia,
Tu sai dal mio cor.
O suolo nallo,
O solo amor mio,
Mio fervido amor!

ALM. O suolo nallo
Sei caro al mio cor.

SCENA II

JOSÈ, I PRECEDENTI.

JOSÈ. (*a Camoens.*) Il proscritto trovo alfin!

CAM. (*tendendogli la mano.*) Buon Josè, l'amico [fido]
Il fuggiasco, il disertor
Può trovar la prigion su questo lido

JOSÈ. Sperare noi possiam la grazia dal sovrano.

CAM. (*distratto.*) Dio lo voglia!

JOSÈ. (*sotto voce ad Alma.*) Adunasto voi dell' or?

ALM. (*come sopra.*) E molto ancor. Ecco qui
(*Gli dà una borsa.*)

JOSÈ. (*come sopra.*) Qual tesor!

ALM. (*come sopra.*)Quel che buscai nella serata...
Ma Josè, jer, ahi qual terror!
Quando da voi mi vidi allontanata,
Un uomo mi seguì.

JOSÈ. E chi mai?

ALM. Un signor
Nol dir, serba il segreto;
(*Indicando Camoens che rilegge il suo scritto.*) Sapere ei non lo dè.

ALMA (*répétant*) : Ville enchanteresse, ses chères amours !

SCÈNE II

LES MÊMES, JOSÉ.

Camoëns se remet à lire ce qu'il vient d'écrire.

JOSÉ. Ah ! voilà le proscrit. Je vous retrouve !

CAM. Bon José, ton fidèle ami, le fugitif, le déserteur, peut trouver la prison dans ce pays.

JOSÉ. Nous pourrons obtenir la grâce du roi.

CAM. (*distrait*). Dieu le veuille !

JOSÉ (*bas à Alma*). Avez-vous recueilli de l'argent?

ALMA (*bas*). Beaucoup; prends ceci (*Elle lui donne une bourse*).

JOSÉ. Quel trésor !

ALMA. C'est ce que j'ai gagné dans ma soirée. Mais, José, hier quelle frayeur! Lorsque je me suis éloignée de vous, un homme m'a suivie...

JOSÉ. Qui donc?

ALMA. Un seigneur; mais n'en parle pas; qu'il l'ignore (*indiquant Camoëns*).

JOSÈ. A tacer, a star cheto
Mia moglie m'insegnò.

ALM. Va pur; ti rivedrò.
(S'avvicina con rispetto a Camoens e gli bacia la mano..)
Addio, mio signore, mio sostegno
E ben più amico che signore.

CAM. Addio!
(Alma esce.)

S'ode un coro di dentro. Si picchia all' uscio. Josè va ad aprire. Entra Zingarella travestita da almea.

SCENA III

VARII MARINAI *entrano dal fondo, con* ZINGARETTA · I PRECEDENTI.

I

ZING. *canta:* Il vento soffia, apriam le vele,
Il ciel propizio a noi sarà;
Son gonfie già le brune tele,
Il nuovo suol apparso è già.
Stringa la tua questa mia mano,
Ed al ritorno noi ci unirem;
Addio, men vo' da te lontano...
Non vedi il vascel che lascia la sponda
Restar ah! saria vano
Il ciel mi salverà— del mar contro il furore
Dio mi proteggerà — quando s'agita l'onda
A te questo cor
Sarà fido ognor.

II

Il lido appar — pieghiam le vele,
Il marinar — ritorno fa.
Chi dir gli può se a lui fedele
La fidanzata ei troverà?
Se a lui vuol dare ancor la mano
Chi mai può dirlo e chi lo sa?

JOSÉ. Soyez sans crainte. Ma femme m'a appris à me taire.

ALMA. Adieu! je te reverrai plus tard. (*S'approchant de Camoëns avec respect et lui baisant la main*). Adieu, cher Seigneur, mon soutien et plutôt mon ami que mon maître.

CAM. Adieu. (*Elle sort.*)
(*On entend un chœur au dehors. On frappe. José va ouvrir. Des matelots entrent en foule avec Zingaretta déguisée en almée.*)

SCÈNE III

ZINGARETTA, MATELOTS, LES PRÉCÉDENTS.

ZING. (*chantant*). Le vent souffle, ouvrons les voiles; le ciel sera propice à nos vœux. Voyez déjà les brunes toiles s'enfler; le jour paraît. Allons, mets ta main dans la mienne ; à mon retour nous nous marierons. Regarde, le vaisseau va quitter cette rive. Le ciel me préservera de la tempête ; quand la mer est en fureur c'est lui qui me protègera. Mon cœur te sera toujours fidèle.

Voici le rivage ; replions les voiles. Le matelot est de retour. Qui peut dire si sa fiancée lui est restée fidèle, et si elle lui a gardé sa main. Pourquoi suis-je parti ? Pourquoi suis-je allé si loin ? Que me vaut-il d'être revenu... Mais non, tu m'as été fidèle, comme je l'ai été pour toi. Ton cœur est toujours le même. Tra la la la, amis, le nouveau jour se lève.

Perchè n'andai da te lontano?
Tornar ah! sarà vano!
Ma no, la tua fé serbata m'avrai,
Come costante a te serbata ho la mie fé';
Temere non vò', scordato non m' hai;
Io so che il tuo cor
Restò fido ognor.
Tra la la, la la, la la.
Amici, il nuovo sol apparso è già?

JOSÈ. Ma perchè sei così vestita?

ZING. Del carneval da me seguita
L'usanza fu. Non sai, mio buon Josè,
Che più gentile più leggiadra son
Così, in veste straniera,
E che tutti mi fanno buona cera;
Il mestier meglio va — se piacere si sa.
(S'ode un ritornello brillante.).

SCENA IV

I PRECEDENTI, DON SEBASTIANO, *entrando.*

I

Un dì di follia,
Un dì di piacer,
Il cor tutt' obblia,
Sol pensa a goder.
Gioventù consola
D'ogni rio martir,
Il dolor s'invola,
Sol si dee gioir.
Finchè giovinezza
Ci covre di fior,
La cupa tristezza
Bandiamo dal cor.
Fuggian la mestizia,
Scacciam il rancor,
Ed ogni delizia
Cerchiam nell' amor.

JOSÉ. Mais pourquoi déguisée de la sorte?

ZING. C'est la coutume, en carnaval. Ne vois-tu pas, mon bon José, que je suis plus gentille, plus avenante sous ce costume? Tout le monde me fait bonne mine; le métier y gagne. Il faut plaire pour attirer les chalands.

(On entend une ritournelle brillante.)

SCÈNE IV

DOM SÉBASTIEN, LES PRÉCÉDENTS.

SÉB. Un jour de folie et de gaieté, et l'on ne se souvient plus de rien; on ne songe qu'à s'amuser. La jeunesse console de tout chagrin; l'ennui disparaît, divertissons-nous. Tant que le jeune âge nous prodigue ses fleurs, nargue de la tristesse! Chassons-la, soyons heureux, et cherchons le plaisir dans l'amour.

II

È breve la vita,
Si nasce e si muor,
La rendon gradita
I facili amor.
Di cure noiose
Non s'abbia pensier,
Sfogliamo le rose,
Sfogliam del piacer;
Fuggiam la mestizia,
Scacciam il rancor,
Ed ogni delizia
Cerchiam nell' amor.

JOSÈ. Sembra allegro il signor?

SEB. Allegro come il vino.
Io sono qui stranier e d'una notte almeno
Del carneval conoscer io voglio la follia.

ZING. Io soddisfar vi vò. se il signor lo desia
E sul momento glielo spiegherò.

SEB. Ebben, mia bell' ostessa, v'udirò.

ZING. La notte discende,
Fa l'aura oscurar,
Lisbona s'accende
Si vede brillar.

TUTTI. (*ripetendo.*) Lisbona s'accende,
Si vede brillar.

ZING. Festivi concenti
Fan l'aura echeggiar,
E tutti impazienti
Son già di danzar

GLI ALTRI. E tutt' impazienti
Son già di danzar.

ZING. Gli amanti, gli sposi
S'incontrano già,

La vie est courte; on naît et l'on meurt. Les amours aciles peuvent seules l'égayer. Fi des soucis gênants; effeuillons les roses du plaisir sur nos pas. Nargue de la tristesse ; chassons-la. Soyons heureux et cherchons le plaisir dans l'amour.

(*Après le boléro de dom Sébastien, José s'approche de lui et lui dit :*)

JOSÉ. Votre seigneurie est joyeuse?

SÉB. Oui, joyeuse comme le vin. Etranger ici, je veux connaître l'ivresse d'une brillante nuit de carnaval.

ZING. Je puis satisfaire votre désir. Je vais à l'instant vous expliquer ce que c'est.

Dès que la nuit tombe, on voit Lisbonne s'éclairer, s'allumer, reluire.

Tous répétant. On voit Lisbonne s'éclairer, s'allumer, reluire.

ZING. De gais accords retentissent. Tout le monde est impatient de danser.

(*Les autres répètent les mêmes mots.*)

ZING. Les amants, les maris se rencontrent et quel supplice pour les jaloux ! On échange en chemin des

Supplizio ai gelosi
Peggiore non v'ha.
Si scambia in cammino
Un bacio, un sospir,
Piú d'un bigliettino
Si lascia sfuggir.

GLI ALTRI. Si scambia in cammino
Un bacio, un sospir, etc.

SEB. Ah! che la notte ancor mi par lenta a venire!
Cercando io vo', notturno trovatore,
Quanto quaggiù può far il cor gioire,
La danza, il bell'umor—la voluttà, l'mor.
Ostier, del vin! del vino di Madera!

JOSÈ. Sta ben; la testa per serbar leggiera
Il ciel non lo creò.
A cercarne men vo'.
(*Esce e ritorna subito col vino.*)

ZING. Sinchè verrà, signor, saggiate un po'.
(*Offrendogli una sigaretta.*)

SEB. Dite cos' è? nol so.

ZING. Dell' India è questo
Novel dono e v' attesto
Ce servir me neso.

SEB. Ebben, v' imiterò.

ZING. Insegnar vel potrò.

SEB. Orsu, orsù, cominciamo la leziono
Vostr' allievo sarò, farò ben attenzione.

A TRE

ZING. (*avvolgendo una sigaretta.*) Vien chiamata [sigaretta]
Questa foglia avvolta e stretta
Tra le dita come io fo;
Poi con grazia, leggermente
Alle labbra, dolcemente,
Il tubetto io porteró
E prigion ve lo terrò,

œillades, un baiser, et plus d'un billet doux glisse d'une main dans une autre.

(*Les autres répètent*).

SÉB. Ah ! que la nuit me paraît longue à venir. Je cherche, troubadour nocturne, tout ce que l'on aime et tout ce qui peut réjouir : la danse, la gaîté, l'ivresse, l'amour. Allons, hôtelier, du vin, du vin de Madère.

JOSÉ. Soit. Mais prenez garde. Le ciel ne l'a pas fait pour que la tête reste libre. Je m'en vais vous en chercher.

(*Il disparaît et revient avec le vin*).

ZING. En attendant, goûtez un peu ceci.

(*Elle lui offre une cigarette.*)

SÉB. Oui, mais qu'est-ce cela ? Je n'en sais rien.

ZING. C'est un présent des Indes ; et je vous assure que je sais en profiter.

SÉB. Eh bien, je vous imiterai.

ZING. Je vais vous apprendre comment l'on fait.

SÉB. Allons, commençons notre leçon. Je serai bien attentif.

Trio.

ZING. (*roulant une cigarette*). On appelle cigarette la feuille mince qu'on roule entre ses doigts, comme je fais. Puis, doucement, avec grâce, on porte le petit rouleau à ses lèvres et on l'y garde. Imitez-moi. C'est un Indien qui me l'a enseigné.

Fate pure come io fo...
Un Indian me l'insegnò.

SEB. Quando il labbro il tiene stretto
Dite un po' che se ne fa.

ZING. (*battendo l'acciarino.*) Con l'acciar la [selce urtando]
La scintilla va brillando,
Accendete allora in fretta
La già fatta sigaretta,
Poscia l'occhio seguirà
Come il fumo all' aria va.

GLI ALTRI. Poscia l'occhio seguirà
Come il fumo all' aria va,
Stiamo a veder — Curioso inver!

A TRE

Gentil foglia è caro a me
Il profumo — del tuo fumo,
Gentil foglia caro è a me
E il tuo fumo e l'odor.
Dolce fumo vola al ciel.
Vola al ciel, leggiero anel.
Allo sguardo sei sì bel!

SEB. Qual è il nome della pianta?

ZING. Il tabacco. Ed essa vanta
Un poter a nullo eguale.
I pensieri a scacciar vale.
La spirale — in aria sale,
Vola, vola, — e ne consola
D'ogni pena, d'ogni duol;
Coi capricci del suo vol,
Sogni d'or, — provoca ancor
Ed ai cor — ispira amor.

SEB. Ebben fumiam — c'inebbriam.

Ripresa

Gentil foglia caro è a me
Il profumo — del tuo fumo, ecc.

SÉB. Soit, mais une fois qu'on l'a entre les lèvres qu'en fait-on?

ZING. On frappe avec l'acier sur la pierre, l'étincelle jaillit, on allume vite le bout de la cigarette, puis on regarde voltiger la fumée dans les airs.

SÉB. Ah! on regarde voltiger la fumée dans les airs. C'est drôle.

TOUS LES TROIS. Feuille gentille, j'aime bien ton parfum, comme j'aime à regarder la fumée qui s'envole en petits nuages bleus vers le ciel.

SÉB. Quel est le nom de cette plante?

ZING. C'est le tabac. Elle a des vertus sans pareilles: elle chasse les soucis. On regarde la spirale de fumée qui monte, et on se console de tout. Elle provoque aussi de doux rêves et ouvre le cœur à l'amour.

SÉB. Eh bien! fumons et cherchons l'ivresse. (*Reprise de l'ensemble*) : Feuille gentille, etc.

SEB. Curioso inver! — Ed or torniamo a ber,
Ma ben triste è ber solo.

ZING. Ebben potete ber con questo galantuomo,
(*Indicando Camoens che entra.*)

Ch' è...

JOSÈ. (*interrompendola.*) Un bravo militar.

SEB. I militari io so pregiar.

SCENA V

CAMOENS, I PRECEDENTI.

CAM. (*sottovoce a Zingaretta.*)
Ma non so se dovrò...

JOSÈ. Un buontempon egli è,
Come nel carneval se ne veggon per quà.
Franco e sincero egli è, divertir vi potrà.

SEB. Ebben, buon militar,
Volete voi con me vuotar qualche bicchier?
Di battaglie e di guerra parleremo
Ai nostri fatti d'arme insiem beremo.

JOSÈ. Tra poco torneremo(*va via con Zingaretta.*)

CAM. Volontier; ma per chi?

SEB. Per chi? mio camerata,
Beviam al re.

CAM. No, no, quel cervello balzano!

SEB. Silenzio! Chè da noi forse non è lontano.

CAM. Dice ognun...

SEB. Dice ognun? [vie]

CAM. Che sen va per le
Per cercar il piacer, per seguir le beltà.

SEB. (*fra se.*) Non uso dir bugie.
Ma grato ben non è l'udir la verità.
(*a Cam.*) E che! le grazie egli largia
Ai condannati, diè quest' oggi l'amnistia.

SÉB. C'est fort curieux. Et maintenant buvons. Mais c'est triste de boire tout seul.

ZING. Tenez, vous pouvez boire avec ce galant homme (*indiquant Camoens qui paraît*). C'est un...

JOSÉ (*l'interrompant*). C'est un brave militaire.

SÉB. J'aime assez les militaires.

SCÈNE V

CAMOENS, LES PRÉCÉDENTS.

CAM. (*bas à Zingaretta*). Je ne sais si je dois...

JOSÉ. C'est un étourdi, comme l'on en voit venir beaucoup par ici en carnaval. Il est franc, aimable ; il pourra faire votre affaire.

SÉB. Eh bien, mon brave, voulez-vous vider quelques verres avec moi ? Nous parlerons batailles et combats ; nous boirons à nos faits d'armes.

JOSÉ. Nous allons revenir (*il sort avec Zingaretta*).

CAM. Volontiers. Mais à qui buvons-nous?

SÉB. A qui? Camarade, buvons au roi.

CAM. Pas du tout. Ce jeune fou !..

SÉB. Silence! Il pourrait ne pas être trop loin.

CAM. On dit...

SÉB. On dit?

CAM. On prétend qu'il court les rues à la recherche des plaisirs, toujours sur les traces des beautés.

SÉB. (*bas*). Je n'aime pas le mensonge; mais la vérité ne fait pas toujours plaisir. (*Haut*) Eh quoi! Quand il vient d'accorder la grâce aux condamnés; l'amnistie complète?..

CAM. Sarebbe proprio ver?

SEB. Ben ver, ben ver.

CAM. Ah! s'è così vo ber
Del suolo lusitano — al novello sovrano.

SEB. Mesciam, beviamo dunque e sia colmo il [bicchier].

A due.

Beviam, beviam al suol natìo
Al nostro re rendiamo onor
Il ciel gli dia — quel ch'ei desia,
Il ciel gli mandi i suoi favor!

SEB. E come io fo', nei bei dì di follia
Voi dividete il comune destin.

CAM. Nel Portogallo tornato alla fin,
Vederlo ancor, spirar l'aura natia,
Non altro è il mio desir.

SEB. Ma chi sa, qualche amor voi lasciavate qui.

CAM. No, no, colei che adoro
Mi seguì ben lontan, con me volle penar,
Gioir al mio sorriso e con me lagrimar.

SEB. Codesto è inver raro tesoro!
Serbare in cor — un tant' amor!
A quest' amor — vo' far onor.

CAM. Sia pur, sia pur, per me, vorrei
Ber in onor del nostro re.
Che a tanti rei — perdono diè.
A cominciar da me.

SEB. Camerata, davver non io sarò
Che pei giorni del re di ber ricuserò.

Ripresa.

Beviam, beviam al suol natìo, ecc.

SEB. Ebben sai tu, mio camerata,
Che celo in cor un vivo amor,
Ma che la speme è a me negata.

CAM. Voi, giovin tanto!

CAM. Serait-ce vrai?

SÉB. Parfaitement vrai.

CAM. Ah! s'il en est ainsi je vais boire au jeune roi de la Lusitanie.

SÉB. Allons! buvons, trinquons et à plein verre.

Ensemble.

Buvons à notre patrie, buvons à notre souverain. Que le ciel lui accorde tout ce qu'il désire; qu'il le comble de faveurs et de bienfaits.

SÉB. Et comme je le fais moi-même, dans ces jours de folie, vous partagez les plaisirs de la foule?

CAM. De retour désormais au Portugal, je n'ai d'autre désir que de respirer l'air de mon pays, d'y rester toujours.

SÉB. Peut-être y aviez-vous laissé une amourette.

CAM. Non pas, celle que j'aime m'a suivi et bien loin, elle a partagé mes joies et mes douleurs.

SÉB. Mais c'est un vrai trésor! Etre si fidèle!... Je veux boire à vos amours.

CAM. Soit. Mais je préfère boire au roi qui a fait grâce à tant de malheureux, à commencer par moi.

SÉB. Camarade; ce n'est pas moi qui refuserai de porter la santé du souverain.

(*Reprise de l'ensemble.*)

Buvons à la patrie, etc.

SÉB. Eh bien, sais-tu, mon ami, que j'ai une passion, mais sans le moindre espoir.

CAM. Quoi! à votre âge?

SEB. È cosa strana.
Donna vid' io, beltà sovrana
Per un momento sol, nè mai più vista l'ho.

CAM. Narrate pur, v'ascolterò.

SEB. Stendea la notte il negro velo,
Era di stelle ingemmo il cielo,
In sen dell' aura imbalsamata
Fuggia la voce innamorata
E il mio cor s'infiammò.
Ma la donna sparì come nebbia allo spiro
Dell' aquilon
E da quel punto per essa deliro,
E folle io son.

CAM. E l'avete smarrita?

SEB. Ahimè! la cerco invan
Ritrovar non potrò quest' angel di beltà.

A due.

Ah! la donna sparì come nebbia allo spiro
Dell' aquilon
E da quel punto per essa deliro
E folle son.

CAM. Che? la donna sparì come nebbia allo spiro
Dell' aquilon
E da quel punto vei siete deliro?

SEB. Sì, folle io son!

SCENA VI

ALMA, I PRECEDENTI.

SEB. *Vedendo Alma, con gioia.*
È dessa! trovo alfin la fanciulla adorata
Che m'accese d'amor.

CAM. V'ingannate, signor,
Questa donna è il mio bene, il tesor del mio
[cor].

SEB. Ritrovata non l'ho perchè la perd' ancora.

SÉB. C'est étrange, mais c'est ainsi. Une beauté que je n'ai aperçue qu'un instant, et qui a disparu à jamais.

CAM. Contez-moi cela.

SÉB. C'était la nuit, une nuit étoilée; j'entendis monter au ciel, à travers l'air embaumé, une voix enchanteresse; mon cœur palpita, j'entrevis la femme, mais elle s'évanouit comme le brouillard sous les souffles du vent, et depuis lors je délire pour elle, je suis fou!

CAM. Et vous l'avez perdue?

SÉB. Hélas! je cherche vainement et partout cet ange de beauté.

(Ensemble.)

CAM *et* SÉB. Elle s'est évanouie comme le brouillard, etc.

SCÈNE VI

ALMA, LES PRÉCÉDENTS.

SÉB (*apercevant Alma et courant vers elle.*) C'est elle! je te retrouve enfin, mon ange adoré!

CAM. Vous faites erreur. Cette femme m'appartient, c'est mon bien, mon trésor.

SÉB. Je l'aurais retrouvée pour la perdre de nou-

Ad Alm. Oh! vieni alfin, oh! vieni a chi t'adora,
Di questo cor — speranza e amor!

ALMA. Chi voi siete non so, nè libera pur son;
È questi il mio padron — ed io son la sua [schiava.]

(*A Camoens*). Che m'importa?
Sela vendi a me, tutto ti dò
D'un così bel tesor per esser possessor,
Di Lusitania l'or.

A tre.

CAM. Ma qual è mai questa follia?
Io questo cor ad essa offria
E nessun v'ha
Che a me la toglierà.

ALMA. Ma qual è mai questa follia?
Io questo cor ad esso offria
E nessun v'ha
Che a lui mi toglierà.

SEB. Io l'amo, io l'amo alla follia;
Essa il mio cor, essa invaghia
E nessun v'ha
Che a me la toglierà.

SEB. — Ah! vien su questo cor!

CAM. Scostatevi, signor!

SEB. Dell' ira mia,
Stolto, paventa

CAM. Lo giuro al ciel, morrà colui che tenta
La mano di costei toccar.

SEB. Sol mia
Sarà!

ALMA. Giammai!

SEB. Per quel Dio salvator!...
Sol mia sarà ripeto, e farla mia saprò!
(*Represa dell' insieme*).

CAM. Orsù, partite alfin, o ch' io vi svenerò.

veau! Non. (*A Alma.*) Viens, viens à moi; je t'aime tant; viens, espoir et joie de mon cœur!

ALMA. Je ne vous connais pas, je ne suis pas libre, j'appartiens au maître que voici, je suis son esclave.

SÉB. Eh que m'importe? s'il veut te vendre, je lui donnerai en échange de ce trésor tout l'or du Portugal.

(*Ensemble.*)

CAM. Quelle est cette folie? Elle est à moi, personne au monde ne pourra me l'enlever.

ALMA. Quelle est cette folie? Je lui ai voué mon existence. Personne au monde ne pourra me séparer de lui.

SÉB. Je l'aime à la folie; elle a su me charmer. Personne ne pourra m'empêcher de l'emmener. (*A Alma.*) Viens, ma belle enfant.

CAM. Seigneur, n'approchez pas.

SÉB. Ah! crains ma colère!

CAM. Je jure que celui qui osera lui toucher la main, tombera sous mes coups.

SÉB. Elle est à moi.

ALMA. Jamais!

SÉB. Par le Dieu du ciel! Elle sera à moi, te dis-je; et je veux l'emmener.

(*Reprise de l'ensemble.*)

CAM. Allons, retirez-vous, ou je vous tue.

SEB. Il vo' veder!

Si precipita entro Camoens che ha il pugnale nudo e si ferisce

Ferito io son! Oh rabbia!

CAM. La colpa sol tua fu.

ALMA. Fuggiam, fuggiam, signore!

(*Fuggono*)

SCENA VII

GLI STESSI, FERNANDO, SIGNORI, POPOLO.

FERN. *Tutti.* Che veggo! una ferita a vostra maestà?

POP. Ferito è il re!

SEB. (*Spensieratamente.*) Leggiera scalfittura.

FERN. Che importa, dèmorir l'uom che ferirvi osò.
Fuggito è l'assassin, ma lo raggiungerò.

SEB. No, no, notte quest' è di piacer, di follia,
Salva sua vita sia...
E noi ricominciamo
A ridere e a goder siccome pria.
Cantiamo e non pensiamo
Che al gaudio ed al piacer;
Fuggiam la mestizia
Scacciamo il dolor,
Ed ogni delizia
Cerchiam nell' amor,
Gioventù sen vola, ecc.

Coro.

Fuggiam la mestizia, ecc.

(*Cala la tela.*)

SÉB. Essaye donc ! (*Il se précipite sur Camoens dont il rencontre le poignard.*) Il m'a blessé. O rage !

CAM. C'est toi qui l'as voulu.

ALMA. Maître, fuyons, sauvons-nous. (*Elle l'entraîne.*)

SCÈNE VII

DOM FERNAND, SEIGNEURS, PEUPLE, DOM SÉBASTIEN.

FERN. Que vois-je ? Votre majesté est blessée !

TOUS. Le roi est blessé !

SÉB. Ce n'est qu'une égratignure.

FER. Qu'importe ! Celui qui l'a faite mourra. Il s'est enfui, l'assassin, mais je le rattraperai.

SÉB. Non pas. Cette nuit est consacrée au plaisir et à la folie; épargnez ses jours. Et nous, enfants, recommençons la fête. Chantons et ne songeons plus qu'à nous amuser; nargue de la tristesse, chassons-la, etc. (*Reprises des dernières phrases du boléro*).

CHŒUR. Nargue de la tristesse, etc.

(*La toile tombe.*)

ATTO TERZO

Una piazza di Lisbona. — Notte stellata e luminosa. — A sinistra una casa bassa di meschina apparenza, ove ha cercato rifugio Camoëns.

SCENA PRIMA

ALMA, *uscendo dalla casa.*

In quest'ermo sobborgo ed ignorato,
Mentir il nostro nome uopo ci fu!
Al vigil guardo dei nemici suoi
L'amor mio si celò. Cerchiam dell'oro,
Per un novel viaggio, e il canto mio
Secondi il cor.

Così potesse a lui più amica sponda
Far lieve il peso di sì grave duol!
Quando la notte è scura,
E stelle il ciel non ha,
Qual fanciullo tremante io movo il piè
Ed al rezzo d'una palma
Del liuto al mesto suon
Sgorga allora da quest'alma
Del poeta la canzon.
A quel sospiro serena e forte
Ritorno ancor.

Pei nostri cori la stessa morte
Non ha dolor!
Dolce suon del patrio canto,
Nel pensier rivivi ancor;
Tu mi spremi il primo pianto,
Tu mi torna ai primi amor'!

ACTE TROISIÈME

Une place de Lisbonne. — Nuit étoilée et très-claire. — A gauche une maison basse et de chétive apparence. C'est là que Camoëns est venu se cacher.

—

SCÈNE PREMIÈRE

ALMA, *sortant furtivement de la maison.*

ALMA. Il nous a fallu chercher un refuge dans ce faubourg écarté, pour nous dérober aux yeux d'une police habile. C'est là que se cache mon ami. Allons quêter de l'or pour un nouveau voyage, et que ma voix seconde mon cœur. Ah! s'il pouvait, sous un autre ciel, trouver un peu de repos, et voir son sort s'adoucir!

Quand la nuit est sombre, je sors, timide comme un enfant, et m'en vais à l'abri d'un palmier, au son de la mandoline, chanter les vers de mon poète. Mon cœur se retrempe à ces beaux vers; dussé-je mourir, je mourrais plus heureuse.

Airs charmants du pays qui me vit naître, jamais je ne vous oublierai; c'est pour vous que j'ai versé mes premières larmes, c'est en vous écoutant que j'ai aimé la première fois. Envolez-vous de mes lèvres, passez les mers et portez mes soupirs jusqu'aux rivages où se passa mon enfance!

Qual sul labbro giovinetto
Fremi, o vergine desir,
Vola e reca al patrio tetto
Oltre i mari il mio sospir!

(*Vedendo venire gente, Alma parte rapidamente.*)

SCENA II

Genti mascherate arrivano in folla con torce, bandiere grottesche, fiori, tamburini, ecc.

Coro generale.

Venite, accorrete, dal monte, dal pian,
La danza, la festa dei matti a mirar;
Quì l'orgia e gli amori convegno si dan.
Dormenti mariti, svegliati amatori,
Ciascun sue sembianze s'appresti à [variar].
La maschera ardita protegge gli amori
E vive battaglie s'impegnano allor!
Amici, nemici, vi date la man,
Si rida; c'è tempo di pianger doman.
Svolazzi il crine indocile
Sulle tue spalle ignude;
In ogni curva un fremito
Di voluttà si chiude;
Invan con ansia assidua
Ti spia geloso sguardo;
Le tue pupille uccidono,
Ogni tua mossa è un dardo.
Venite, accorrete dal monte, dal mar,
La danza, la festa dei matti a mirar.

SCENA III

I precedenti. Don Sebastiano in abito elegante circondato da giovani cortigiani mascherati.

SEBAST. Scherzo e follia,

(En entendant du bruit, elle s'enfuit.)

SCÈNE II

Une foule de gens masqués, hommes et femmes, accourent de tous côtés. Des pages grotesques portent des torches, d'autres des bannières comiques. Des danseuses tiennent à la main des branches fleuries, des tambourins, etc.

CHŒUR GÉNÉRAL. Venez, accourez de tous côtés, venez voir les danses, la fête des fous. Maris dormeurs et amants éveillés, masquez-vous. Le masque rend plus hardi, il protége les amours; vous allez assister à d'étranges mêlées! Amis et ennemis, réunissons-nous tous; commençons par rire aujourd'hui, quitte à pleurer demain. Que les cheveux tombent sur les épaules nues; que chaque geste provoque le désir. Que chaque prunelle jette des éclairs, n'importe si l'on en est foudroyé. Venez, accourez, vous assisterez à la fête des fous.

SCENE III

DOM SÉBASTIEN *en habits élégants, entouré de jeunes courtisans déguisés.*

SÉB. Le plaisir, la folie, le rire! Que chacun en

Riso e piacer
A ciascun di noi sia,
A cominciar da me
Che sono il re.
Lascio ai ministri
Il regio serto
E il raro merto,
Se pur ce n'è,
Di far da re.
Io con la plebe
Qui mi confondo,
È largo il mondo
Anche pei re!

POPOLO Viva il re! Viva il re! Viva il re!

SEBAST. Ma, non voglio che alcun per causa mia
Di tripudiar ristia;
Il tempo ratto vola,
Ognun di noi ripigli la mandola
E faccia come me.

(*Prende una mandolina e canta. I cortigiani lo incitano.*)

Bolero.

DON SEB. Era d'Ines ben tenero il cor
CORO Oh, oh, oh, oh!
DON SEB. Era Pedro un gentil mulattier
CORO Oh, oh, oh, oh!
DON SEB. Ma ricolmo Carmen avea d'or
Il suo forzier
E quest'or volle Pedro antepor
Ai fior dell'amor.
Ines pianse e a guarir non tardò
CORO Oh, oh, oh, oh!
SEB. E sul Prado con altri danzò
CORO Oh, oh, oh, oh!
SEB. E una sera gli amanti contò...
Erano tre!

ait sa part, à commencer par moi, le roi ! Je laisse aux ministres ma couronne royale et le mérite, s'il y en a, de faire le métier de roi. Quant à moi, je me mêle au peuple. Le monde est assez vaste..., même pour les rois.

ZING. Vive le roi !

SÉB. Mais, je ne veux pas qu'on cesse de danser parce que je suis là. Allons, mes amis, prenez une mandoline et faites comme moi.
(*Il prend une mandoline ; les courtisans l'imitent.*)

Boléro.

La belle Inès avait le cœur tendre...

CHŒUR. Oh, oh, oh, oh !

SÉB. Pedro était un galant muletier...

CHŒUR. Oh, oh, oh, oh !

SÉB. Mais Carmen avait des douros dans son coffre... le muletier préféra l'or aux fleurs de l'amour. La belle Inès pleura, mais ne tarda pas à se consoler, et s'en alla danser au Pra 'o.

CHŒUR. Oh, oh, oh, oh !

SÉB. Puis un soir elle compta ses amoureux. Ils

Al men bello un sorriso negò;
Due ne serbò.

CORO Evviva il re!

JOSÈ (*al re non riconoscendolo.*) E che? Il re sarebbe [qui?

SEB. (*ridendo*) Son io.

JOSÈ (*stupefatto fra sè.*) L'uom che fu pugnalato in [casa mia,
Quegli era il re!

Ripresa del coro.

Svolazzi il crine indocile, ecc.
Venite, accorrete, ecc. (*Partono.*)

SCENA IV

JOSÈ, DON SEBASTIANO, *alcuni cortigiani.*

JOSÈ. Se osassi, augusto re...

SEB. Domanda, amico mio. Ancora mi rammento
Lo schietto vin che ho bevuto da te;
Scordar invano io tento
La moglie tua ch'è degna inver d'un re.

JOSÈ (*tremando.*) Quell'uomo... quel soldato
Che il vin rese insensato...
La man su voi portò!

IL RE (*ridendo.*) Un premio, a caso, un premio
Conceder gli si dè?

JOSÈ. È reo, ben reo, lo so,
Vi chiedo sol mercè.

IL RE. Per tutt' i miserabili
Io son, io son clemente,
L'amico tuo la grazia
Potria da me sperar.
Ma il ministro è ben severo,
Per la legge è molto austero

étaient trois. Elle refusa le moins beau et en garda deux.

CHŒUR. Vive le roi !

JOSÉ *arrive en ce moment et s'adresse à dom Sébastien.*

Eh quoi! Le roi serait-il ici?

SÉB. (*riant*). C'est moi!

JOSÉ (*stupéfait, bas*). Quoi! Celui que l'on blessa chez moi, c'était le roi?

Le peuple sort en reprenant les chants.

Que les cheveux retombent sur les épaules nues, etc.

SCÈNE IV

JOSÉ, SÉBASTIEN, COURTISANS

JOSÉ (*s'approchant timidement du roi*). Si j'osais, sire...

SÉB. Demande. Je n'ai pas oublié l'excellent vin que tu m'as servi; je me rappelle aussi que tu as une très-jolie femme, un vrai morceau de roi.

JOSÉ (*tremblant*). Cet homme, ce soldat, que l'ivresse avait rendu insensé, celui qui osa porter la main sur vous...

SÉB. (*riant*). Eh bien! Faut-il lui donner une récompense?

JOSÉ. Non, je sais qu'il est coupable, mais je viens vous demander sa grâce.

LE ROI. Je suis miséricordieux pour tous les misérables; ton ami pourrait donc espérer sa grâce. Mais j'ai un ministre très-sévère, qui ne connait que la loi, et ne veut pas entendre parler de clémence. S'il a décidé que le coupable doit mourir, il n'y a pas à dire, il mourra. C'est la loi. Le roi n'y est pour rien.

E la pietà — che sia non sa...
Se dunque vuol per sorte
Del reo la morte,
Non c'è che fare — deve a morte andare.
La legge è là,
Più re non v'ha,
La legge c'è,
Non c'entra il re.
Ti sembra convenevole
Che il braccio d'un sovrano
Servir debba d' un suddito
Per fodero al pugnal?
A te parer può naturale,
Ma quest'affar è capitale,
Ed il ministro sa — che far dovrà;
Però, men duole, — se la legge vuole
Di morte il reo punir
Dovrà morir.
La legge il vuol,
La legge sol,
La legge c'è,
Non c'entra il re!

(*Esce coi cortigiani.*)

SCENA V

JOSÈ, poi ZINGARETTA, infine ALMA.

Non v'è rimedio, sperar è van
E se lo scoprono, lo impiccheran!

ZING. (*arrivendo.*) O ciel! e chi appiccato esser dovrà?

JOSÈ. Quel povero soldato...

ZING. La colpa sua qual è?

JOSÈ. In rissa ha pugnalato
Nel nostro albergo il re.

ALMA (*sopraggiungendo.*) Oh ciel! che ascolto mai?

JOSÈ. Invan per lui mercè — chiedevo al re.

Au surplus, crois-tu décent qu'un sujet prenne le bras de son souverain pour en faire le fourreau de son stylet? Cela pourra te sembler fort naturel; je te dis, moi, que c'est une chose fort grave. Mon ministre, d'ailleurs, sait ce qu'il en est. J'en suis fâché, mais si la loi exige que la mort doive être le châtiment du coupable, il sera pendu. C'est la loi; le roi n'y est pour rien. (*Il sort avec ses courtisans.*)

SCÈNE V

JOSÉ, *puis* ZINGARETTA, *ensuite* ALMA.

JOSÉ. Ah! plus d'espoir! S'il est pris, il sera pendu!

ZING. (*arrivant.*) Pendu! grands dieux! Qui donc?

JOSÉ. Ce pauvre soldat...

ZING. Quel crime a-t-il commis?

JOSÉ. Tu sais, dans la bagarre, chez nous, il a frappé le roi!

ALMA. Ciel! Qu'ai-je entendu?

JOSÉ. C'est en vain que j'ai demandé sa grâce au roi.

ALMA et ZING. Eh bien! alors?

ALMA e ZING. Ebben.,.?

JOSÈ. Ei mi rispose
Ch essere appeso ei de'

A tre.

ALMA. Il mio cor vacilla e freme,
Rompe il pianto il mio respir,
Deh! sia salvo o almeno insieme
Ci sia dato di morir.

JOSÈ. Il mio cor vacilla e freme
Non so più che debbo dir.
Forse ahimè dovremo insieme
Al patibolo salir.

ZING. (*a Josè.*) O codardo, se ti preme
I tuoi dì di non finir
Meglio è assai che tutt' insieme
Si cercasse di fuggir.

JOSÈ. Qual complice una spia
Potriami denunziar
E allor la vita mia
Potria — pericolar.

SCENA VI

I PRECEDENTI. CAMOENS.

CAM. Perchè raccolti qui?

ALMA. Per supplicarvi in pianto
D'esaudir nostre preci e di fuggire.

CAM. Or che avvenne egli mai?

ALMA. Colui, quel vile
Che di me si voleva impadronire...

CAM. E ch'io feriva.

ALMA. Era il prence.

TUTTI. Era il re!

JOSÈ. Comprendi or la tua sorte?

CAM. (*amaramente.*) Ben la comprendo! — Morte!

JOSÉ. Hélas! le roi m'a déclaré qu'il doit être pendu.

Ensemble.

ALMA. Mon cœur tremble; les larmes m'aveuglent; qu'il soit sauvé, ou je mourrai avec lui.

JOSÉ. Mon cœur tremble... que dire? Si je parle, peut-être on me mènera à l'échafaud avec lui.

ZING. Poltron! puisque tu tiens tant à la vie, songe au moyen de te sauver et de nous sauver tous.

JOSÉ. Si un espion me dénonce, ma pauvre vie est bien compromise!

SCÈNE VI

CAMOENS, *les* PRÉCÉDENTS.

CAM. Pourquoi êtes-vous tous ici?

ALMA. Pour vous prier d'exaucer notre prière et de partir.

CAM. Que s est-il donc passé?

ALMA. Cet h.omme, cet audacieux qui voulait s'emparer de moi...

CAM. Et que j'ai frappé!

ALMA. C'était le prince!

TOUS. Le roi!

JOSÉ. Comprenez-vous ce qui vous attend?

CAM. (*avec amertume*). Je le sais: la mort! (*résigné*)

(*Rassegnato.*) Fidi miei l'implacabile mano
Del destino s'aggrava su me;
Il lottare, il resistere è vano,
Terra e ciel mi ricusan mercè.
Una speme arridevami ancor...
Questa sola augusta meta
Balenava al mio desio,
Che col cor del suo poeta
Palpitasse il popol mio;
Che nudrito dal mio pianto;
Che educato a libertà,
Il suo labbro il patrio canto
Tramandasse ad altre età;
Me il genio abbandonò,
Ai versi miei mancò
La popolar virtù!
Sul mar, sui piani udita
La rima mia non fu;
D'un'ignorata vita
Meglio è non essér più!

Coro di marinai di dentro.

Il mar è tuo, figliuol del Portogal,
Sull'onde mai tu non avrai rival.

CAM. Che ascolto io mai?.... Quel canto io lo [conosco,
Quel canto è mio,
Pei nostri marinai — io lo dettai.

ALMA. Fuggiam!

JOSÈ. Fuggiam!

ALMA. Più non s'indugi.

CAM. Lasciami.

JOSÈ. A quest'ora già son sulle tue tracce.

Camoens sta per allontanarsi trascinato da Alma e Josè, quando s'ode una canzone di bevitori venir da una taverna vicina. Camoens si ferma ed ascolta.

Mes amis, la main implacable de la destinée s'appesantit sur moi. Toute résistance est inutile. Le ciel et la terre m'abandonnent. Je n'avais qu'un espoir, c'est le but sublime que j'entrevoyais dans mes rêves d'or : je croyais que le peuple répondrait aux battements de mon cœur, qu'il écouterait mes plaintes et que, mûr pour la liberté, il ferait entendre mes hymnes... mais, hélas! le génie m'abandonne; la popularité lui fait défaut; mes rimes stériles restent sans écho. Aussi ferai-je bien de quitter cette vie ignorée.

CHŒUR *de marins au dehors.* La mer est à toi, enfant du Portugal; tu n'as jamais eu de rivaux sur les ondes.

CAM. Qu'entends-je! Ce chant, je le connais. C'est moi qui l'ai composé pour nos marins.

ALMA. Fuyons.

JOSÉ. Sauvons-nous.

ALMA. Hâtons-nous.

CAM. Laissez-moi.

JOSÉ. A cette heure, on est déjà sur vos traces.

Camoëns va s'éloigner entraîné par les autres, lorsqu'il entend un chœur d'étudiants dans une taverne. Il s'arrête et écoute.

CORO (*di dentro.*) Quando di pampini, quando di fiori
I tralci vergini ornò il Signor,
Creò il liquor — contro il dolor.
Noi nella lagrima del vin sincero
La pura immagine troviam del vero.

CAM. (*con gioia.*) Il popolo mi canta,
La grande anima sua
Domanda al metro mio
D'ogni dolor l'obblio.

JOSÈ. Odi? talun s'appressa

CAM. E che mi cale ormai?
(*si vedono le finestre della chiesa illuminate.*)

CORO RELIGIOSO. Dispensa, o cielo, il gaudio
Del tuo favor su noi,
Fa prospera la patria
Ed i suoi figli eroi.

CAM. Io mi credea sconosciuto a Lisbona
E il mio popolo m'offre una corona!
Di gloria omai risplende l'avvenir,
Se sorvive l'idea si può morir!

JOSÈ. Uopo è fuggir!
(*a Zingaretta.*) Mi segui insino al lido
Là troverò — sperar lo vo'
Un battel, forse un amico a me fido
Che al suo destin sottrar lo può.

ZING. Il laccio! Il laccio! Ahimè!
(*Escono correndo.*)

SCENA VII

CAMOENS, ALMA.

ALMA. Fuggi di qui, perchè
Tardar? sì, fuggi... lo l'imploro al tuo piè.

CAM. Io te lasciar? più viver non potrei.

CHŒUR *d'étudiants*. Quand Dieu donna les grappes dorées à la treille, il créa le baume qui guérit de tout chagrin. Le vin et la vérité sortent de la bouteille avec l'ivresse.

CAM. Le peuple chante mes vers; sa grande voix trouve dans mes refrains l'oubli de tous ses soucis.

JOSÉ. Écoutez, on approche.

CAM. Eh ! que m'importe maintenant !

On voit les fenêtres d'une église s'éclairer.

CHŒUR *religieux*. Seigneur, accorde-nous tes faveurs ! que notre patrie soit prospère et que ses enfants soient forts et glorieux !

CAM. Et moi qui me croyais inconnu ici ! Le peuple m'offre une couronne. L'avenir est resplendissant de gloire pour le poète. Si mon œuvre survit, je puis mourir.

JOSÉ *à Zing*. Viens, suis-moi jusqu'au port. Là j'espère trouver un compagnon fidèle qui voudra nous prêter un bateau; je l'espère du moins, allons, hâtons-nous. *Il emmène Zingaretta.*

SCÈNE VII

ALMA ET CAMOENS

ALMA. Fuyez, maître ; pourquoi tardez-vous tant ? fuyez, je vous en supplie.

CAM. Te quitter ! Jamais. Je ne pourrais vivre sans toi.

ALMA (*tra se.*) O ciel! che intendo! (*a Cam.*) In sì
[fatal momento
Che minaccia i tuoi dì, tardar più non dovrò
Un arcano a svelar che nel mio cor
Serbai finor.
Questa schiava abbandonata
Una speme carezzò;
Fino a te la sventurata
Il suo sguardo alzar osò,
Ma tremai che tu giungessi
A scovrire quest'amor,
Che negli occhi mel leggessi,
Come Dio mal lesse in cor.

CAM. Ah! per te sentiva anch'io
Fiamma arcana nel mio cor,
Come gli angeli aman Dio,
Io t'amava e t'amo ancor.
Nell'esilio in te trovai
Un conforto al mio dolor,
Nè la speme accorre osai
D'ispirarti eguale amor.

(*S'ode un batter di tamburo, prima molto lontano, poi a gradi più vicino.*)

ALMA. O ciel! io tremo!

AM. Ah! sogno questo fu!
Già sparì! Dalla morte uniti siamo.
Nostr' altar sarà l'avel

ALMA. Ah! fuggir più non possiamo...
Già s'avanzan. Giusto ciel!

CAM. (*amaramente.*) Il destin fu ben crudel!
L'addio non è che qui ti do',
Se in grembo a Dio volar con te potrò.
La terra insiem lasciar
Morir non è, ma sol di ciel cangiar.

A due.

(*Con trasporto.*) Insieme al ciel voliamo

ALMA (*bas*). Qu'ai-je entendu! (*haut*) En ce moment suprême, quand vos jours sont menacés, je ne dois plus hésiter à vous révéler le secret de mon cœur. Écoutez-moi : Cette pauvre esclave abandonnée avait fait un rêve. Elle avait osé lever son regard jusqu'à vous. Mais elle tremblait que vous ne finissiez par découvrir son amour ; vous pouviez le lire dans ses yeux, comme Dieu le lut dans son cœur.

CAM. Et moi, je t'aimais à mon tour, je t'aimais comme les anges aiment le Seigneur. C'est toi, toi seule qui as pu adoucir les souffrances de l'exilé; mais je n'ai jamais osé espérer te voir partager l'amour que tu m'inspiras.

On entend un roulement de tambours, d'abord au loin, puis se rapprochant par degrés.

ALMA. Ciel! j'ai penr!

CAM. Ah! C'eût été trop beau! Le rêve s'est évanoui. Notre autel sera la tombe.

ALMA. La fuite est impossible. Ils viennent. Mon Dieu! mon Dieu!

CAM. (*amèrement*) Ah! la destinée est par trop cruelle! (*à Alma*) Je ne te dis pas adieu, si je puis m'envoler avec toi au ciel. Ce n'est pas mourir que de quitter ensemble cette terre où nous nous sommes aimés; c'est changer de paradis.

Ensemble.

Ouvrons nos ailes pour monter au ciel. Ne me dis

Addio non dire a me
Se posso ancor « io t'amo,
Io t'amo » udir da te.

Nelle celesti sfere,
Uniti core a core,
A palpitar d'amore
Insiem — ritornerem.

SCENA VIII

I PRECEDENTI, FERNANDO, SOLDATI.

FERN. (*additando Cam.*) È desso! è desso! Io ti
[ritrovo alfin !
(*Ai soldati.*) Del nostro re s'arresti l'assassin!

(*Respinge Alma che vorrebbe proteggere Camoens. Zingarella e José giungono al momento in cui Camoens è trascinato via. Quadro.*

Cala la tela.

pas adieu! Que j'entende encore me répéter « Je t'aime! » Là haut, mon cœur sur ton cœur, nous pourrons encore palpiter d'amour.

SCÈNE VIII

LES PRÉCÉDENTS, FERNAND, SOLDATS.

FERNAND (*désignant Camoëns*) C'est lui! C'est lui! Je te retrouve à la fin! (*aux soldats*) Arrêtez l'assassin du roi! *Il repousse Alma qui voudrait protéger Camoëns; Zingaretta et José arrivent au moment où Camoëns est entraîné.*

La toile tombe

ATTO QUARTO

Un lato del porto di Lisbona. A sinistra l'estremità d'una fortezza ov' è rinchiuso Camoens. In fondo la spiaggia. All' orizzonte il mare. Sul davanti una piazza.

—

SCENA PRIMA

JOSÈ, ZINGARETTA, E LORO AMICI, *che s'avanzano circospetti.*

CORO *a mezza voce.*

Con cauto ardir, senza rumor
Verso il castello per noi si va;
Egli è un fedel— egli è un fratel
Che in carcer rio gemendo sta.

JOSÈ. Cantiamo, dal suo carcere
Intender ci potrà...

ZING. E il core a lui dirà
Che l'amistà sincera
Sfida il rigor del re.

(*Canta.*) Ai raggi, ai zeffiri
Di calde aurore
Le frutta doransi
Tra fiore e fiore.
Ha ebbrezza e palpito
Ogni stagion,
Si adora un angelo...
Se due non son.

CORO. Di nube un vel
Non turba il ciel.

JOSÈ. Qui un nido compose...

ZINO. Pei gaudì l'amor.

JOSÈ. Quì i fiori son rose.

ZING. Quì l'erbe son fior.

ACTE QUATRIÈME

Une partie du port de Lisbonne. A gauche, l'extrémité d'une forteresse, où Camoëns est enfermé. Au fond, la plage; la mer à l'horizon. Sur le devant, une place.

SCÈNE PREMIÈRE

JOSÉ, ZINGARETTA, *suivis de quelques amis, qui se dirigent vers le fort avec précaution.*

CHOEUR (*à mi-voix*). Marchons sans bruit vers ce fort, où un ami, un frère, est enfermé dans une noire prison.

JOSÉ. Chantons ; il nous entendra de sa geôle.

ZING. Et le cœur lui dira que l'amitié brave la colère du roi. (*Elle chante.*) Aux rayons du soleil, au zéphir qui rafraîchit les tièdes aurores, les fruits se dorent au milieu des fleurs. Chaque saison a ses délices et ses ivresses. On aime une beauté... quand on n'en aime pas deux.

CHOEUR. Pas un nuage ne ternit l'azur des cieux.

JOSÉ. L'amour a fait ici...
ZING. Un joli petit nid.
JOSÉ. Ici toutes les fleurs sont des roses.
ZING. Et toute herbe est une fleur.

TUTTI. Deh' sali al ciel — voce fedel
E lascia a voi — del lungo duol
Cadere il vel !

Una folla di popolani e di marinai irrompe sulla scena, precedendo Alma.

SCENA II

ALMA, I PRECEDENTI, POPOLO.

CORO. Eccola qua, la giovine indiana
Che ci viene a bear di sue canzoni;
Preludia già sulla mandola i suoni
Della gitana.

ALMA (*sottovoce a José e Zingaretta.*
O fidi miei, son io che un ardito disegno
Adduce or qui fra voi.

ZING. E del tuo cor fia degno.
Ma se per caso il re

JOSÈ. Sin qui recasse il piè ?

ALMA. A voi fia noto or or.

CORO. Suvvia ! si canti allor.

Ad. Alma. Canta, canta, o gentil, la tua canzone
E ognun d' noi
Generoso promette guiderdone.

ALMA. *Bolero.*
A tutt' andar galoppa
Per valli e per sentier'
Con la sua bella in groppa
Alonzo il mulattier
Con lui danzar vuol il bolèro
Oh ! com' è altier — il mulattier !

CORO. Oh ! com' è altier — il mulattier !

ALMA. Ma giunti appena al ranco,
Un baldo cavaliero
Cinge alla bella il fianco,

TOUS. Voix amie, monte au ciel, et soulage la souffrance des malheureux.

(*Une foule de gens du peuple et de marins font irruption sur la scène précédant Alma.*)

SCÈNE II

ALMA, PEUPLE, LES PRÉCÉDENTS.

CHŒUR. La voilà ! la belle Indienne, qui vient nous égayer de ses chansons ! Elle prélude déjà sur sa mandoline, la belle gitana !

ALMA (*allant à José et à Zingaretta, bas*). Mes amis, c'est moi ; j'ai conçu un dessein hardi ; c'est ce qui m'amène ici.

ZING. Il doit être digne de ton excellent cœur.

JOSÉ. Mais si, par hasard, le roi venait jusqu'ici ?

ALMA. Vous verriez alors !...

CHŒUR. Allons, chante, belle enfant, ta chanson, et sois sûre que nous t'en récompenserons généreusement.

ALMA (*chantant*). Alonzo, le muletier, galope à fond de train ayant sa belle en croupe ; il la mène danser le boléro. Il est si fier, le muletier !

CHŒUR. Il est si fier, le muletier !

ALMA. Mais aussitôt arrivés en place, un hardi cavalier enlace la belle de ses bras et danse avec elle le boléro. Or, il est jaloux, le muletier.

E danzano il bolero.
Geloso è inver — il mulattier!

CORO. Geloso è inver — il mulattier!

ALMA. — Caballero, è la mia dama,
— Mulattiero ho la mia lama
E già cava il suo coltel.
Ma allor colei si svincolò,
D'Alonzo in braccio si rifugiò.
« Con lui danzar io vo' »
E come ben danzò!

CORO. E come ben danzò.

SCENA III

Don Sebastiano, gentiluomini; i precedenti.

POP. Largo, largo! arriva il re!

ALMA (*fra sè*). Sì, il re che Dio guidò fra noi; ti sieno
'Grazie rese, o Signor, — per tal favor!

SEB. Amici, alfin trovata ho la donzella
Che ai miei desiri si mostrò rubella.
Canta ancora se vuoi carezze ed or.

ALMA (*fra sè*). Cantar? allor che l' anima
In quella rea dimora
Piange perduta vittima
Il solo ben che adora!...

(ALLE DONNE). Danzate, o giovinette,
Al suon di castagnette.

S' odono di repente sinistri suoni. Marcia lugubre. Rumore di catene. La turba dei galeotti passa, per essere tradotta ai presidii affricani.

SEB. (*ad Alma*). Perchè cessar dal canto?

ALMA. Ah! pietà non ha il re di questo pianto,
Non ha pietà di sventura sì grande.

POP. La giustizia di Dio!

CHŒUR. Il est jaloux, le muletier.

ALMA. — Caballero, c'est ma dame. — Muletier, j'ai ma navaja. — Et il la tira... Mais alors la belle se dégagea des bras de l'autre, et entraînant Alonzo, elle s'écria : C'est avec lui que je danserai. Et comme elle dansa bien !

CHŒUR. Et comme elle dansa bien !

SCÈNE III

LE ROI *avec sa suite*, LES PRÉCÉDENTS.

PEUPLE. Place, place au roi !

ALMA. Oui, le roi ; le ciel le guide ici, et je rends grâce au ciel !

SÉB. Amis, voici la belle enfant qui s'est montrée si rebelle à mes vœux. Allons, chante, tu auras de l'or.

ALMA (*bas*). Chanter ! Quand je sais que celui que j'aime gémit au fond d'une prison. (*Haut.*) Jeunes filles, dansez au bruit des castagnettes.

(*Tout à coup des accords sinistres se font entendre. Les portes du donjon s'ouvrent et une troupe de galériens, chargés de chaînes, défile sur une marche lugubre. On les conduit au port pour les mener en Afrique. Alma cesse de chanter.*)

SÉB. Pourquoi cesser tes chants?

ALMA. Pardonnez-moi ; mais en voyant une telle misère...

LE PEUPLE. La justice de Dieu.

SEB. No, la giustizia
Del re che dee colpir del mondo i rei.

ALMA. O re, grazia per loro!

IL RE. Ah! Nol poss' io!
Punir la colpa è dover mio.

ATMA (*riconoscendo tra i prigionieri Camoens, con une grido disperato*). Gran Dio!
È desso, è desso! Ah! Mi si spezza il cor!
(*Lo stringe fra le braccia e lo mena verso il re*).
Sorte sì rea gli serbi tu, signor?
Non sia non sia tua gloria
Un sanguinoso vanto,
Del cor egli ha le lagrime
Non sol degli occhi il pianto.
E di colanto strazio
Non avrai tu pietà?
Invan fra cento popoli
La fama tua si spande,
Un re non è mai grande
Se perdonar non sa.

SEB. Ma al petto mio mirato
Col suo pugnal egli ha.

ALMA. A lui tentasti un povero
Amor rapire in me,
Ti risparmiò l'infamia,
Non ha colpito il re.
Il nome tuo la storia
Col nome suo dirà;
La tua con la sua gloria
Rese immortali egli ha.

IL RE. Ma chi egli è mai? Chi è?

ALMA. Camoens egli è, virile atleta,
Di Lusitania orgoglio e onor.
T'inchina o popolo al tuo poeta.
Saluta, o prence, il tuo cantor.

IL RE *scoprendosi*. Questi il Camoens, il mio

SÉB. Non ; la justice du roi, qui doit frapper les criminels sur la terre.

ALMA. Ah ! pitié ! pitié pour eux !

SÉB. Je ne le puis. Mon devoir est de punir le crime.

ALMA (*reconnaissant Camoens parmi les condamnés, pousse un cri déchirant*). Grands Dieux! C'est lui ! c'est lui ! (*Elle le serre dans ses bras et le mène vers le roi.*) Est-ce que vous le laisserez dans les fers ? Non, que votre gloire ne soit pas ternie ; vous voyez, sire, les larmes dans les yeux ; vous ignorez ce que son cœur doit souffrir. Et vous n'aurez pas pitié d'une telle douleur ? C'est en vain que votre nom est acclamé partout : un roi n'est jamais grand s'il ne sait pardonner.

SÉB. Mais il a levé le poignard sur moi.

ALMA. Vous vouliez lui enlever la pauvre fille qu'il aime ; il vous a empêché de commettre une infamie ; il n'a pas voulu vous frapper. L'histoire confondra vos deux noms. C'est sa gloire qui vous rendra immortel.

SÉB. Quel est-il donc, cet homme ?

ALMA. C'est le Camoëns, l'honneur et la gloire du Portugal. Peuple, salue ton poëte ; roi, salue ton chanteur.

Glorioso cantor?
A me di riparar la tua sventura
A me di preparar alla futura
Età la gloria del materno suol!

Il re tende la mano a Camoens, che stringe Alma fra le sue braccia.

FINE.

8-1003. — Paris. Imp. Morris père et fils, r. Amelot, 64.

LE ROI (*se découvrant*). Lui ! Le Camoens ! Mon glorieux chanteur ! C'est à moi de réparer mes torts, de garder aux siècles à venir la gloire de ce pays.

Il tend la main à Camoens, qui serre Alma dan ses bras. — La toile tombe.)

FIN.

8-1003. — Paris. Imp. Morris père et fils, r. Amelot, 64.

Léon ESCUDIER, Éditeur, 21, rue de Choiseul, Paris.

AÏDA

Opera in quattro atti, versi d'A. GHISLANZONI

MUSICA DI

G. VERDI

Partition Piano et Chant, édition de luxe reliée. — Prix net : 20 francs

Partition Piano solo, grand format. — Prix net : 15 francs.

Partition à quatre mains, grand format. — Prix net : 20 francs.

Morceaux de chant détachés de la Partition

1. Scena e Romanza. Tenore, — Celeste, Aïda.............. 6 »
1 bis. La Stessa. Per Tenore più basso. — Celeste Aïda.............. 6 »
1 ter. La Stessa. Per Baritono. Celeste, Aïda.............. 6 »
2 Duetto trio. Sop., mez.-sop. te ne Vieni o diletta.............. 7 50
3. Inno di Guerra. Coro. — Guerra tremenda.............. 7 50
4. Melodia. Soprano. — L'insana parola.............. 6 »
4 bis. La Stessa. Mez.-Sopr. L'insana parola.............. 6 »
5. Preghiera e Coro. — Possente Eta 4 50
5 bis. La Stessa. A voce sola. Soprano. — Possente Età.............. 3 50
5 ter. La Stessa. A voce sola. Mez.-Sop. — Possente Età.............. 3 50
6. Coro di donne schiave. Chi mai fra Gl'inni.............. 4 50
6 bis. Melodia Ridotta. A voce sola. Mez.-Sop. o contralto. — Chi mai fra Gl'inni.............. 3 50
7. Duo. Soprano e Mez.-Sop. — Amore Amore.............. 7 50
8. Coro trionfal. Vieni o Guerriero 7 50
9. Romanza. Soprano. O Cieli Azurri. 6 »
9 bis. La Stessa. Mez.-Sopr. — O Cieli Azurri.............. 6 »
10. Duo. Sop. e Baritono. — Rivedrai le foreste imbalsamate.............. 7 50
11. Duo. Sop. e Tenore. — Pur ti riveggo.............. 7 50
12. Duo Mez.-Sop. e Ten. — Già i Sacerdoti.............. 7 50
13. Scena del Giudizio. Mez.-Sop. Basso e Coro. — Ohimè! morir mi sento.............. 9 »
14. Duo. Sop. e Tenore. — Morir si pura et bella.............. 7 5

ARRANGEMENTS DIVERS SUR AIDA.

Ballmann. Petite fantaisie pour piano 6 »
Brisson. Illustrations pour le piano.. 7 50
Cramer. Choix de mélodies pour piano 6 »
Dolmetsch. Romance de Radamès paraphrasée pour le piano.............. 6 »
Félix Godefroid. Fantaisie mélodique pour le piano.............. » 50
Gregoir (Joseph). Paraphrase pour le piano.............. 7 50
Gariboldi. Deux Bouquets mignons très-faciles pour le piano. Chaque.. 3 50
Jaëll (Alf.). Illustrations pour le piano 7 50
Leybach. Fantaisie brillante pour piano.............. 7 50
Lamothe. Petit caprice pour le piano. 6 »
Rummel (J.). Bouquets de mélodies en deux cahiers chaque.............. 6 »
— Perles enfantines en deux cahiers. Chaque.... 4 »
— Bonbonnières des pianistes, deux récréations très-faciles, Chaque.............. 2 50
G. Verdi. Ballabile, — danse sacrée des Prêtresses, — danse des esclaves mauresques, — danse des Bayadères pour piano.............. 7 50
G. Verdi. Hymne, — Marche, — Danses à 2 mains.............. 7 50
— Hymne, — Marche, — Danses à 4 mains.............. 9 »
Billema. Fantaisie à 4 mains.............. 9 »
Rummel (J.). Bouquets de mélodies à 4 mains en deux cahiers. Chaque.............. 7 50
— Duo dramatique à 4 mains.. 9 »
— Polka à 2 mains.............. 5 »
— Polka à 4 mains.............. 6 »
Marx. Quadrille.............. 4 50
Lebeau (Alf.). Fantaisie pour orgue-harmonium.............. 6 »
— Duo de Concert pour piano et orgue.............. 9 »
Chaine. Soirée du violoniste amateur en deux suites. Chaque.............. 6 »
Singelée. Fantaisie pour violon avec accompagnement de piano.............. 7 50
Duvergès. Fantaisie pour flûte avec accompagnement de piano.............. 7 50
Nathan. Fantaisie pour violoncelle avec accompagnement de piano... 7 50
Paulus. Marche pour musique militaire.............. 20 »
Airs arrangés pour flûte seule, violon seul, cornet seul. Chaque.............. 7 50

Partition Piano et Chant, paroles françaises, édition de luxe reliée.

Léon ESCUDIER, Éditeur, 12, rue de Choiseul, Paris.

OPÉRAS ITALIENS ET FRANÇAIS

Partitions françaises, Piano et Chant.

Grand format.

	Prix nets.
Auber. Gustave ou le Bal masqué (5 actes)	30
G. Verdi. Les Vêpres Siciliennes (5 actes)	30
— Jérusalem (4 actes)	40
G. Donizetti. Dom Sébastien (5 actes)	40

Format in-8°.

Auber. Gustave ou le Bal masqué (5 actes)	20
— La Fiancée du roi de Garbe (3 actes)	18
— Le Premier Jour de Bonheur (3 actes)	15
— Rêve d'amour (2 actes)	15
F. Bazin. Maître Pathelin (1 acte)	7
— Les Désespérés (1 acte)	6
— Madelon (2 actes)	12
— L'Ours et le Pacha (1 acte)	8
Beethoven. Les Ruines d'Athènes	6
Delibes (Léo). Le Roi l'a dit (3 actes)	15
E. Boulanger. Don Mucarade (3 actes)	8
J. Cohen. Les Bleuets (4 actes)	15
G. Donizetti. Élisabeth, drame lyrique (3 a.)	12
— Dom Sébastien (5 actes)	20
Gluck. Orphée (4 a.), édition du Th. Lyrique	10
— Alceste (3 actes), édition de l'opéra	10
Grisar (*Albert*). Bonsoir, M. Pantalon! (1 a.)	7
Guiraud. Madame Turlupin (2 actes)	12
F. Halévy. La Magicienne (5 actes)	20
Mozart. Don Juan (Don Giovanni), texte italien et français, avec les récits	20
J. Offenbach. Ba-ta-Clan, chinois. music. (1 a.)	6
Paisiello. Le Barbier de Séville (4 actes)	10
Prince *J. Poniatowski.* Pierre de Médicis (4 a.)	20
Prince *J. Poniatowski.* Au Travers du Mur (1 a.)	7
Pedrotti. Les Masques (Tutti in Maschera (3 a.)	15
F. Poise. Les deux Billets, avec le dialogue (1 acte)	7
Ricci frères. Le Docteur Crispin (Crispino e la Comare)	20
Ricci (*F.*). Une Folie à Rome (3 actes)	20
— Une Fête à Venise (3 actes)	15
— Le Docteur Rose (3 actes)	15
E. Rey. Au Port (1 acte)	5
Ricci (*L.*). La Petite Comtesse (3 actes)	15
G. Rossini. Bruschino (2 actes)	8
— Othello, édition de l'Opéra (3 a.)	10
— Le Barbier de Séville, texte italien et français, avec les récits	20
A. Thomas. Le Caïd (2 actes)	15
— Mina (3 actes)	15
— La Tonelli, opéra comique (2 a.)	12
— Le Songe d'une Nuit d'Été (3 a.)	15
— Raymond, (3 a.)	15
G. Verdi. Les Vêpres Siciliennes (5 actes)	20
— Les Deux Foscari (4 actes)	12
— Ernani (4 actes)	15
— Le Trouvère (4 actes)	20
— Macbeth (5 actes)	20
— Violetta (La Traviata) 4 actes	20
— Jérusalem (4 actes)	20
— Louise Miller (4 actes)	15
— Rigoletto (4 actes)	20

	Prix nets
G. Verdi. Le Bal masqué (5 actes)	20
— Jeanne d'Arc (Giovanna d'Arco)	15
— Harold (Aroldo), 4 actes	15
— Hymne des Nations, cantate	3
— Don Carlos (5 actes)	20
— Aïda (4 actes)	20

Partitions italiennes, Piano et Chant.

Grand format.

G. Verdi. La Battaglia di Legnano	20
— Ernani (4 actes)	30
— I Due Foscari (3 actes)	30
— Giovanna d'Arco (4 actes)	30
— Il Finto Stanislao (2 actes bouffes)	30
— Alzira (3 actes)	30
— Oberto di San Bonifacio (2 actes)	30
Mercadante. Leonora (3 actes)	30

Format in-8°, Piano et Chant.

Auber. Il Primo Giorno felice. (3 actes)	15
Bellini. I Puritani (3 actes)	12
Donizetti. Don Sebastiano (5 actes)	20
Cagnoni. Don Bucefalo (3 actes)	15
D. Cimarosa. Le Astuzie Femminili (4 actes)	15
E. Guiraud. Madama Turlupin (2 actes)	12
Mercadante Leonora (3 actes)	15
Mozart. Don Giovanni con testi recitativi	20
G. Pacini. La Fidanzata Corsa (5 actes)	12
Pedrotti. Fiorina, semi-seria (2 actes)	12
Pedrotti. Tutti in Maschera (3 actes)	15
Principe *J. Poniatowski.* Don Desiderio	15
— Pietro di Medici (4 a.)	20
— La Contessina (3 act.)	15
G. Rossini Il Barbiere di Siviglia, con testi recitativi	20
Ricci frères. Crispino e la Comare (3 actes)	15
L. Ricci. Chi dura vince (2 actes)	15
F. Ricci. Il Marito e l'Amante (3 actes)	15
— Una Follia a Roma (3 actes)	20
G. Villate. Zilia (4 actes)	12
G. Verdi. Simon Boccanegra (4 actes)	10
— Aroldo (4 actes)	10
— I Vespri Siciliani (5 actes)	22
— Luisa Miller (3 actes)	12
— Ernani (4 actes)	15
— I Due Foscari (3 actes)	12
— Attila (4 actes)	12
— Macbeth nuovo (5 actes)	15
— I Lombardi (4 actes)	12
— I Masnadieri (4 actes)	12
— La Traviata (3 actes)	12
— Giovanna d'Arco (3 actes)	12
— Il Trovatore (4 actes)	12
— Rigoletto (4 actes)	12
— Stiffelio (3 actes)	10
— Un Ballo in Maschera (5 actes)	10
— Oberto di San-Bonifacio (2 actes)	10
— Inno delle Nazioni, cantica	20
— La Forza del Destino (4 actes)	25
— Don Carlo (5 actes)	24
— Aïda (4 actes)	10
— Messe de Requiem	
— Raccolta di melodie	

Partitions piano solo (grand format).

Auber. Le Premier Jour de Bonheur (3 actes)	12
— Rêve d'amour	10
Cagnoni. Don Bucefalo	10
Cimarosa. Le Astuzie Femminili	10
Delibes (Léo). Le Roi l'a dit	12
F. Halévy. La Magicienne	15
Guiraud. Madame Turlupin	8
Mercadante. Leonora	10
Prince *J. Poniatowsky.* Pierre de Médicis	15
Mozart. Don Juan	5
Pedrotti. Tutti in Maschera	10
Ricci frères. Crispino e la Comare	10
L. Ricci. Chi dura vince	10
L. Ricci. Une Folie à Rome	10
A. Thomas. Le Songe d'une Nuit d'Été	10
G. Verdi. Aroldo	10
— Ernani	10

G. Verdi. I Due Foscari	10
— Macbeth (nuovo)	10
— Attila	10
— I Lombardi (Jérusalem)	10
— Un Ballo in Maschera	10
— Il Trovatore	10
— Rigoletto	10
— I Masnadieri	10
— La Traviata	10
— Luisa Miller	10
— Giovanna d'Arco	10
— Les Vêpres Siciliennes	10
— Simon Boccanegra	15
— La Forza del Destino	10
— Don Carlos	10
— Aïda	15
— Messe de Requiem	15

Partitions piano à quatre mains.

G. Verdi. Il Trovatore	20
— La Traviata	20
— Un Ballo in Maschera	20
— Ernani	20
— Rigoletto	20
— [illegible]	20

G. Verdi. La Forza del Destino	20
— Don Carlos	20
— Messe de Requiem	15
Auber. Le Premier Jour de Bonheur	20
Ricci (*Frères*). Crispino e la Comare	20
L. Ricci. Une Folie à Rome	20

www.ingramcontent.com/pod-product-compliance
Ingram Content Group UK Ltd.
Pitfield, Milton Keynes, MK11 3LW, UK
UKHW031928260826
14628UKWH00003B/1488

9 782019 132200